ÉLÉMENTS

DE

PLAIN-CHANT.

ÉLÉMENTS
DE
PLAIN-CHANT

A L'USAGE

DES SÉMINAIRES, DES COLLÉGES

ET DES AUTRES MAISONS D'ÉDUCATION;

PAR

UN PRÊTRE DU DIOCÈSE DE NANCY.

« Cantabiles mihi erant justificationes tuæ,
» in loco peregrinationis meæ. »
Psaume 118.

NANCY,
VAGNER, IMPRIMEUR-LIBRAIRE,
Rue du Manége, 3.
Mlle GONET, Libr., rue des Dominicains, 14.

PARIS,
LECOFFRE ET COMPAGNIE,
Rue du Pot-de-Fer Saint-Sulpice, 8.
GAUME Frères, rue Cassette, 4.

1846.

NANCY, IMPRIMERIE DE VAGNER,
Rue du Manége, 3.

PRÉFACE.

Il y a quelques siècles, à peu près trois cents ans, se consomma en Europe, dans les idées et dans les beaux-arts, une inconcevable révolution. Jusque-là, en effet, on avait cru que la religion de J.-C. était destinée non seulement à transformer et à sanctifier le cœur et l'esprit de l'homme, mais encore toutes les choses qui servent dans ce monde à manifester l'un et l'autre. On avait donc cru que la littérature, que la poésie, que la politique, que les beaux-arts devaient prendre part à la glorieuse émancipation qui nous avait été assurée par le sacrifice du Calvaire. Et de fait, jusqu'au XVIe siècle, mais surtout dans les siècles XIIe, XIIIe, XIVe et XVe, tout cela s'était chrétiennement et largement développé.

La Philosophie et la Théologie, aussi bien que toutes les autres branches des connaissances humaines, avaient pour maîtres *Roger Bacon*, *Alexandre de Halès*, *Duns Scot*, saint *Bonaventure*, *Vincent de Beauvais*, *Albert-le-Grand*, saint *Thomas d'Aquin*; la Politique était dirigée par saint *Louis*; la Littérature et la Poésie par le *Dante*; l'Architecture par *Eudes de Montereau*, *Robert de Coucy*, *Libergier*, et tant d'autres qui ont élevé Notre-Dame de Paris, de Reims, de Chartres, d'Amiens, de Cologne; la Sculpture *peuplait* ces cathédrales de deux, de trois et quatre *mille statues* en pierre; la Peinture sur verre, décorait leurs fenêtres de quatre à cinq mille figures, dont aujourd'hui encore on admire l'éclat et la pureté; un autre genre de peinture produisait des artistes, comme *Angelico de Fiezole*, *Lorenzo degl'Angeli*, *Cosimo Roselli*, *Andrea Verrochio*, *Lorenzo di Credi*, *fra Bartholomeo*, *Francia*, *Orgagna*, *le Pérugin*.

Le Chant produisait l'office du Saint-Sacrement, le *Veni creator*, le *Veni sancte Spiritus*, le *Vexilla regis*, le *Dies iræ*, les Antiennes de la Vierge.

Mais arrivé au XVIe siècle, on tire le rideau sur tous ces chefs-d'œuvre; on oublie, au moins pour la pratique, les principes qui les ont produits. On se fait une habitude de regarder comme non avenu le nouveau monde d'idées et de sentiments que J.-C. était venu révéler. On se reporte, comme à l'unique type du beau, vers tout ce que nous a laissé l'Antiquité païenne. On remplace la vérité vivante et vivifiante du Christianisme par les mensonges de la mythologie.

De grands rois, de très-grands artistes prêtent la main à cette abjuration du passé du Catholicisme, et à cette résurrection du passé du Paganisme. Sous leurs yeux, et souvent par leurs ordres, on descendit les verrières de nos cathédrales, on dépeupla leurs myriades de niches, on étendit un lait de chaux sur leurs plus belles peintures, on leur infligea des réparations grecques; il n'est même pas douteux qu'on ne les eût démolies, si l'on n'avait craint trop de dépenses. Ce n'est pas tout; le ciseau ne sut plus tailler que des Jupiter, des Mercure, des Vénus ou d'autres choses semblables; ce fut à cela *presque* exclusivement que la Peinture consacra ses couleurs, et la Poésie ses chants; et l'Architecture même n'eut rien de mieux à faire que de copier servilement, pour le temple du vrai Dieu, les temples de ces divinités fabuleuses.

Aujourd'hui encore, nos *musées*, nos *églises*, nos *édifices*, nos promenades *publiques*, notre littérature *classique*, sont des preuves trop évidentes de cette substitution inconcevable, pour qu'il soit besoin de plus d'étendue. Et cependant, le siècle qui consomma ouvertement ce contre-sens, immense aux yeux mêmes de la saine philosophie quoiqu'il ait aussi son côté admirable, le siècle qui consomma ouvertement cette générale rétrogradation vers un passé mort à jamais, fut appelé le siècle de Louis XIV; celui qui transporta dans la pratique morale ces principes, le siècle de la Philosophie : et les deux ont été jusqu'alors appelés, siècles de *glorieuse renaissance* ou du *progrès* [1].

Mieux inspiré maintenant, quoiqu'il ait longtemps suivi ses prédécesseurs, le XIXe siècle a, depuis une dizaine d'années, commencé à révoquer en doute les arrêts de *Boileau*, et à soupçonner qu'il pouvait y avoir quelque chose à admirer dans ces siècles barbares qu'on appelait moyen-âge. Aussi, depuis ce moment, tout en rendant justice aux beautés qu'on trouve, sans aucun doute, dans les trois siècles dont on vient de parler, se reporte-t-on avec une louable ardeur à l'étude

[1] Sans aucun doute, le siècle de Léon X, en plusieurs circonstances et même dans les plus solennelles, professa les mêmes principes. Mais, en général, au fond, les artistes furent trop chrétiens, pour qu'il fût permis de les mettre sur la même ligne que ceux du siècle de Louis XIV et surtout de Louis XV. Ils avaient posé un principe éminemment vrai, savoir : la perfection du tout par l'union de la beauté matérielle avec la beauté surnaturelle. Le moyen-âge avait pris surtout l'extrême d'en haut, les siècles de la renaissance prirent surtout l'extrême d'en bas. Le siècle de Léon X ne sut pas franchement unir les deux; sa prédilection fut pour l'extrême d'en bas. Cette union reste à faire.

des lettres et des arts, à ces époques reculées, trop longtemps l'objet d'un mépris ignorant. C'est une chose consolante, et pour la religion et pour les arts, que les travaux d'étude et de constructions que l'on exécute aujourd'hui en France. Dieu en soit béni!

Les arts y gagneront; car, si on étudie volontiers ce qu'on admire, on ne tarde pas à *créer* après avoir imité. La religion y gagnera; car ce sont ses œuvres, les œuvres du moyen-âge, et il y aura sans doute des hommes qui n'y verront pas seulement des pierres, des couleurs ou des sons, mais des vérités de la vie et des pierres d'attente pour l'avenir; il pourra même s'en trouver pour soupçonner que la politique de saint *Louis* vaut bien celle de *Machiavel*, et que le pieux symbolisme du XIIe siècle vaut bien la mythologie du XVIIe.

Le chant a été la première chose à subir l'influence des idées qui se sont développées au XVIe siècle; car, dès la fin du XIIIe, on se plaignait déjà du peu de respect qu'avaient, pour les mélodies anciennes, quelques membres d'une nouvelle école. Depuis cette époque, il a été, à différentes reprises, l'objet des soins et des décisions des conciles et des papes; mais, de nos jours, il a été la dernière chose vers laquelle se soit reporté l'esprit pratique qui caractérise notre nation.

Depuis douze ou quinze ans, en effet, que tant d'âmes généreuses se sont dévouées à faire rendre justice à la cause du moyen-âge, très-peu encore se sont occupées du chant. La cause de l'architecture est désormais une cause gagnée; il n'y a peut-être pas un seul homme en France qui oserait comparer, comme église, la Magdelaine ou Notre-Dame de Lorette à la moindre petite église ogivale, comme il y en a tant en Lorraine; mais, pour le chant, il reste encore beaucoup à faire.

Il est cependant la partie excellemment pratique du culte. Qu'une église soit plus ou moins belle quant à l'architecture, qu'elle soit ornée de peintures plus ou moins admirables, le peuple s'en affecte peu comparativement. Il est même *quelquefois* mauvais juge. Mais ce qui l'affecte de préférence, ce qu'il aime par-dessus tout, ce qui sert à lui imprimer dans le cœur les vérités de la religion et les lui rend aimables, ce qui le délasse de ses fatigues, le console de ses peines, le fait jouir plus doucement de ses plaisirs, c'est le chant.

Aussi, sommes-nous profondément convaincus que la chose qu'il faut cultiver sans retard, que la chose même qui, au point de vue religieux, aurait dû précéder toutes les autres, c'est la restauration des études théoriques et de la pratique du chant.

C'est pour contribuer, selon nos moyens, à cette réintégration des beaux-arts catholiques, tels qu'ils étaient au moyen-âge (quoique, cependant, nous soyons loin de les regarder comme parfaits), et, en particulier, à la restauration si urgente des études cantorales, que nous avons eu l'idée de rédiger ces éléments. Ils ne sont qu'une très-petite pierre apportée à l'édifice de reconstruction auquel on travaille de toutes parts actuellement; mais, disait le comte *de Maistre*, nous ne sommes pas loin de l'époque où chacun, selon ses talents, devra l'apporter.

Voici ce qui fut l'occasion de ce petit travail. Une communauté aussi pieuse que nombreuse consacrait, chaque semaine, quelques moments d'un temps précieux à l'étude théorique et pratique du chant. Mais il manquait à chacun, pour aider sa bonne volonté et assurer ses progrès, un livre élémentaire assez court pour ne pas dépasser l'étendue d'un *manuel*, et assez développé pour satisfaire au besoin et au désir d'une science suffisante. C'est ce livre qu'on a essayé de rédiger; on a fait en sorte qu'il pût servir dans les séminaires, dans les colléges, dans les autres maisons d'éducation, et, en général, à toutes les personnes qui voudront avoir des principes suffisants sur les règles et la pratique du chant. Il est divisé en douze chapitres dont on peut voir la suite dans la table, et se termine par des *exercices* et par tout ce qu'un prêtre doit chanter dans les offices divins.

Puisse ce livre n'être pas trop au-dessous du but qu'il s'est proposé d'atteindre; puisse-t-il contribuer à rendre au chant l'étude d'honneur qu'il mérite, servir la cause de l'art catholique, et procurer, dans sa sphère, le salut des âmes et la gloire de Dieu!

ÉLÉMENTS

DE

PLAIN-CHANT

A L'USAGE DES SÉMINAIRES,

DES COLLÉGES & DES AUTRES MAISONS D'ÉDUCATION.

CHAPITRE PREMIER.

Notation du Plain-chant.

Le *chant* peut se définir : la poésie de la parole, ou plus strictement :

L'émission par la voix avec une résonnance particulière d'un ou de plusieurs sons mélodieusement appréciables.

Un *plain-chant* (*planus* qui plane, ou mieux qui est plan, uni,) c'est une succession de sons, simples, graves, lents et majestueux.

Le *plain-chant*, en particulier, c'est la collection des diverses pièces de chant recueillies et coordonnées par saint Grégoire, sur la fin du VIe siècle, et, par extension, toute pièce de chant composée d'après le système adopté par ce grand pape. On l'appelle aussi, pour cette raison, *chant grégorien; chant ecclésiastique*, parce qu'il est surtout en usage dans les offices de l'Église ; enfin, du nom des églises, qui lui ont fait subir quelques modifications, *chant parisien*, *chant toulois*.

Le *son*, c'est l'impression perçue des ondulations régulières produites dans l'atmosphère par un corps vibrant avec une rapidité suffisante.

Chacun des *sons* pris par comparaison à un autre, a en lui-même, trois caractères principaux : *d'intensité, d'acuité, de timbre.*

L'*intensité* est ce caractère que reçoit le son de *l'amplitude* des vibrations du corps sonore. On dit un son *fort*, un son *faible*. Deux personnes chantent ensemble le même chant ; l'une ménage sa voix, l'autre la développe avec effort ; celle-ci a une voix de plus *d'intensité*.

L'*acuité* est ce caractère que reçoit le son de la rapidité des vibrations du corps sonore. On dit un son *aigu, élevé;* un son *bas, grave*. Un homme et un enfant chantent ensemble ; celui-ci a une voix plus *aiguë*.

Le *timbre* est ce caractère que reçoit le son, on ne sait trop *comment*, mais suivant la *nature* du corps sonore. On dit le *timbre* de la voix, le *timbre* d'une cloche.

On distingue, quand on considère la succession des sons, la *mélodie*, l'*harmonie*, la *symphonie*.

La *mélodie* s'entend d'une succession unique de sons dont chacun appelle l'autre.

L'*harmonie* s'entend de deux ou de plusieurs *mélodies* vocales *ou* instrumentales, qui procèdent simultanément d'une manière agréable à l'oreille.

La *symphonie*, prise quelquefois pour l'harmonie, s'entend plutôt de deux ou de plusieurs *mélodies* vocales *et* instrumentales, qui procèdent simultanément d'une manière agréable à l'oreille.

Dans la *mélodie*, il n'y a qu'un chant ; dans l'*harmonie*, il y en a plusieurs en concordance ; dans la *symphonie*, il y a des voix et des instruments.

Un son entendu, on conçoit la possibilité de trouver des signes, capables de le rappeler au souvenir et de faire reconnaître, par comparaison avec lui, les autres sons qui en diffèrent.

L'ensemble des signes employés, pour rappeler d'une manière *permanente* les divers caractères des sons, constitue la *notation* du chant.

Deux choses principalement sont maintenant distinguées par cette notation : 1° *l'acuité;* 2° la *durée* des sons.

Elles le sont par des signes particuliers, auxquels on réserve le nom de *notes*.

Ces *notes* sont, dans le plain-chant, placées sur un assemblage de quatre lignes horizontales et parallèles, et dans les intervalles de ces lignes :

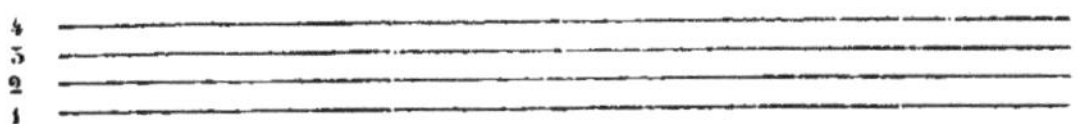

Prises ensemble, ces lignes s'appellent *portée*, et l'on dit, en commençant par le bas, la 1re, la 2e, la 3e, la 4e ligne de la *portée*.

C'est la position des notes sur ces lignes qui fait reconnaître *l'acuité* des sons. Les sons les plus *graves* se placent au-dessous de la 1re ligne; les sons les plus *aigus* au-dessus de la 4e, et les autres, entre ou sur les lignes intermédiaires, suivant leur plus ou moins *d'acuité*. On ajoute rarement des lignes *supplémentaires* en haut ou en bas, exemple :

La *durée* relative de chaque son s'exprime par la *forme* des notes. On en distingue seulement de trois espèces dans le plain-chant, savoir :

La longue, la note à la queue. La carrée, la commune, la moyenne. La brève.

La plus employée, sans comparaison, c'est la *carrée*.

La *longue*, autrefois, ne s'employait guère que pour les finales ou immédiatement devant les brèves, exemple :

Do mi nus.

Très-souvent elle guide seulement l'œil à la note suivante.

On ne peut assigner la valeur exacte en *durée*, signifiée par chacune de ces notes ; car, autrefois, le plain-chant ne se mesurait pas sûrement comme la musique actuelle. On peut seulement dire, en se guidant approximativement d'après la prononciation *accentuée* du latin, que la *longue* durait une *carrée et demie* ou trois *brèves*, et *la carrée* deux *brèves*.

Outre ces trois espèces de notes, on trouve dans d'anciens livres de chant une barre *oblique*, qui traverse la portée :

Ce n'est qu'une abréviation d'autant de notes *carrées* que cette barre occupe de lignes et d'intervalles de lignes, exemple :

On pense avec raison que les notes rhomboïdales, que l'on rencontre souvent, ne sont qu'un moyen, employé d'abord pour indiquer combien renfermait de notes cette barre oblique, qui a été depuis remplacée par les deux notations suivantes :

Dans les trois cas, c'est généralement la même signification. On emploie quelquefois la rhomboïdale comme une *très-brève*.

Dans quelques livres, on trouve aussi deux notes carrées de suite, on les appelle notes *doubles* ■■, ou un point à côté d'une note —■·—, on l'appelle note *pointée;* ce point lui donne *en plus* la moitié de sa valeur primitive. Une note carrée *pointée* vaut une *carrée* et une *brève*.

Les *repos* que l'on doit faire dans l'émission des sons, se trouvent très-souvent indiqués par des *barres verticales*.

Il y en a de trois espèces :

Leur usage est différent, suivant les différentes éditions. Généralement les petites barres se mettent après chaque mot ; les grandes, après les mots où cesse une intonation, à la suspension des sens au milieu des morceaux, à la fin des versets, des hymnes, des proses ; la double barre se met à la fin de tous les morceaux, aux changements de *Chœur* dans différentes pièces, aux diverses parties d'un répons. La *durée* du repos des grandes barres et des doubles, équivaut au moins à la durée d'une *carrée*. Les petites n'indiquent pas de repos, proprement dit, mais seulement la reprise de la respiration.

Si l'on compare deux sons sous le rapport de l'acuité, la différence s'appelle *intervalle*. L'intervalle est plus ou moins grand, suivant que l'acuité d'un son est plus ou moins grande, par rapport à l'acuité d'un autre.

La *gamme*, c'est une succession par *intervalles* réglés, de sons, dont le plus aigu est produit par un nombre de vibrations exactement double de celui du plus grave. Autrement : c'est une succession par intervalles réglés, de sons, dont le plus aigu, est séparé du plus grave, de tout l'intervalle compris entre une voix d'homme et une voix de femme, chantant à l'unisson le même air.

On trouve, par expérience, une telle ressemblance d'impression dans ces deux sons, que, naturellement, on les a pris pour points de départ et d'arrêt des intervalles intermédiaires.

Quand la voix parcourt cette succession de sons, en allant du grave à l'aigu, elle fait une gamme *ascendante*. Quand elle la parcourt en allant de l'aigu au grave, elle fait une gamme *descendante*.

Si la voix, en *montant* ou en *descendant* une gamme, passe par *sept* intervalles dont *cinq* sont sensiblement égaux, et *deux*, le *troisième* et le *septième*, sont sensiblement moitié des autres, elle fait une gamme *diatonique majeure* [1].

Dans ce cas, on est convenu de donner un nom à chacune des notes indicatrices de l'élévation de la voix.

La collection des noms de ces notes rangées par intervalles immédiats, dans l'ordre ascendant, est :

ut ré mi fa sol la si ut :

rangées par intervalles immédiats, dans l'ordre descendant, elle est :

ut si la sol fa mi ré ut.

Chacun de ces sept intervalles prend souvent le nom de *degrés ;* et chacune des sept notes elles-mêmes est souvent désignée par ces noms :

ut	ré	mi	fa
tonique,	sus-tonique,	médiante,	sous-dominante.
sol	**la**	**si**	**ut**
dominante,	sus-dominante,	sensible,	octave.

[1] De διὰ, à travers, et τόνος, ton — traversée ou série de sons.

La disposition de la gamme *diatonique majeure* peut donc se représenter ainsi sur la *portée :*

Si la voix monte ou descend une gamme, en passant par sept intervalles, dont *cinq* sont approximativement égaux, et dont *deux*, le *deuxième* et le *septième*, sont approximativement moitié des autres, elle fait une gamme *diatonique mineure.*

Les notes portent les mêmes noms que les notes de la gamme *majeure.*

Une seule chose la distingue de celle-ci, c'est que le premier petit intervalle, au lieu de se trouver du *mi* au *fa*, se trouve du *ré* au *mi :*

in. ½ in. in. in. in. in. ½ in.
ut ré mi fa sol la si ut.

Si la voix monte ou descend une gamme, en passant constamment par des intervalles égaux, dont chacun soit égal à l'un des deux petits de la gamme diatonique, elle fait une gamme *chromatique* [1].

Dans ce cas, on est convenu de conserver aux notes les mêmes noms, mais toutefois en en répétant cinq, que l'on monte d'un demi-intervalle, au moyen d'un signe arbitraire appelé *dièse* (♯) [2], ou que l'on descend d'autant au moyen d'un petit signe appelé *bémol* (♭), comme il suit :

Dans l'ordre ascendant :

ut ut *dièse*, ré ré *dièse*, mi fa fa *dièse*, sol sol *dièse*, la la *dièse*, si ut :

Dans l'ordre descendant :

ut si la *dièse*, la sol *dièse*, sol fa *dièse*, fa mi ré *dièse*, ré ut *dièse*, ut.

---

[1] Du grec, χρῶμα, *couleur*, parce que, dit-on, les Grecs marquaient ce genre par des caractères rouges ou diversement colorés.

[2] Du grec, διαίρω, j'élève

Ou, dans l'ordre ascendant :

ut ré *bémol*, ré mi *bémol*, mi fa sol *bémol*, sol la *bémol*,
la si *bémol*, si ut;

Dans l'ordre descendant :

ut si si *bémol*, la la *bémol*, sol sol *bémol*, fa mi mi *bémol*,
ré ré *bémol*, ut.

Les notes de cette gamme ne sont jamais usitées dans le plain-chant, qu'accidentellement.

De ces trois manières (entre plusieurs autres possibles, et quelques autres usitées) de distribuer les intervalles d'une gamme, il y en a une qui répond, plus naturellement que les autres, au besoin de la voix; c'est la gamme *diatonique majeure.* C'est la raison pour laquelle on l'appelle souvent gamme *naturelle*, gamme *parfaite*, gamme *juste.*

Quand les sons de plusieurs notes ne sont ni plus ni moins graves ou aigus, ils ne sont séparés par aucun intervalle; ils sont dits être à l'unisson, exemple : *ut-ut; ré-ré.*

Si l'intervalle est égal à l'un des cinq grands de la gamme diatonique, il s'appelle *ton : ut-ré.*

Quand il est égal à l'un des deux petits de la même gamme, il s'appelle *demi-ton : mi-fa; si-ut.*

Le demi-ton est *majeur*, quand il est entre deux sons, exprimés par des notes de nom différent : *mi-fa; si-ut.*

Le demi-ton est *mineur*, quand il est entre deux sons, exprimés par des notes de même nom, dont l'une est *bémolisée* ou *diésée :* ut-ut *dièse;* si-si *bémol*, comme dans la gamme *chromatique.*

Le ton s'appelle aussi intervalle de *seconde parfaite*, et le demi-ton, intervalle de *seconde imparfaite.*

En remplaçant, suivant l'usage, le mot intervalle par le mot *ton*, telle est la distribution des tons et demi-tons dans la gamme diatonique majeure.

ton ton ½ ton ton ton ton ½ ton
ut ré mi fa sol la si ut.[1]

---

[1] Si une voix juste monte *naturellement* cette gamme, et qu'avec les moyens que la science fournit, on apprécie les sons par le nombre des vibrations, on trouve que les tons *ré-mi*, *sol-la* sont moins distants que les

Deux notes, à deux degrés de distance, forment un intervalle de *tierce : ut-mi ; fa-la ; ré-fa.*

Une tierce est *majeure*, quand elle est composée de deux tons : *ut-mi ; fa-la.*

Elle est *mineure*, quand elle est composée d'un ton et d'un demi-ton : *ré-fa ; la-ut.*

Deux notes, à trois degrés de distance, forment un intervalle de *quarte : mi-la ; ut-fa ; fa-si.*

Une quarte est *majeure*, quand elle est composée de trois tons : *fa-si.* On l'appelle *triton.*

Elle est *mineure*, quand elle est composée de deux tons et d'un demi-ton : *mi-la.* On l'appelle *diatessaron.*

Deux notes, à quatre degrés de distance, forment un intervalle de *quinte : ré-la ; fa-ut.* On l'appelle *diapenté.*

Une quinte est *majeure* ou *juste*, quand elle est composée d'une tierce majeure et d'une tierce mineure : *ré-la*, composée de *ré-fa*, tierce mineure, et de *fa-la*, tierce majeure.

Elle est *mineure* ou *fausse*, quand elle est composée de deux tierces mineures : *mi-si* bémol, composée de *mi-sol*, tierce mineure, et de *sol-si* bémol, aussi tierce mineure.

Deux notes, à cinq degrés de distance, forment un intervalle de *sixte : mi-ut.* On l'appelle *exacorde.*

Deux notes, à six degrés de distance, forment un intervalle de *septième : ut-si ; ré-ut.* On l'appelle *eptacorde.*

Deux notes, à sept degrés de distance, forment un intervalle de *octave : ut-ut ; ré-ré.* On l'appelle *diapason.*

De même que le huitième son ressemble au premier, le neuvième ressemble au deuxième, le dixième au troisième, et ainsi de suite jusqu'au quinzième, qui a la même ressemblance avec le huitième que celui-ci avec le premier. On répète donc les huit noms des notes, d'octave en octave, soit en montant, soit en des-

---

tons *ut-ré, fa-sol, la-si.* La différence est d'un 9me de ton, appelé *comma.* Les premiers s'appellent *petits tons*, les seconds, *grands tons.*

Les mêmes moyens prouveraient que les deux demi-tons sont un peu plus de la moitié d'un grand ton, et que le demi-ton majeur est un peu plus grand que le demi-ton mineur.

Ceci explique pourquoi on s'est servi précédemment des mots : *sensiblement* ou *approximativement* égaux.

Mais ces différences, qu'établit naturellement la voix, sont inappréciables dans la pratique.

cendant ; et deux notes, à plus de sept degrés de distance, forment un intervalle composé d'une ou de deux octaves d'abord, et de l'un des intervalles ci-dessus. Cet intervalle n'est pas usité dans le plain-chant. L'intervalle de *sixte* ne l'est que très-rarement : celui de *septième* et d'*octave* bien plus rarement encore.

Accidentellement, dans la succession des sons, même quand on les emploie, comme ils sont distribués, dans la gamme *diatonique majeure* ou *mineure*, la voix peut éprouver le besoin de hausser ou de baisser d'un demi-ton l'une quelconque des notes. Pour la hausser, on emploie le signe déjà cité, appelé *dièse*, mis à côté, à gauche, de la note qu'il affecte :

Pour l'abaisser, on emploie le signe déjà cité, appelé *bémol*, mis aussi à côté, à gauche, de la note qu'il affecte.

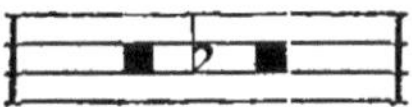

Pour indiquer que l'effet du dièse ou du bémol est neutralisé, on se sert d'un troisième signe (♮) appelé *bécarre*. Ces trois signes portent le nom d'*accidents*. Ils n'ont, dans la plupart des livres de chant, d'influence, que sur la note qu'ils affectent immédiatement, s'ils sont placés dans le cours du morceau. Dans quelques autres, ils affectent toutes les notes, semblables à la première qu'ils affectent, jusqu'à la rencontre d'une barre.

Posés à la *clef*, le dièse et le bémol affectent toutes les notes qui se trouvent sur la ligne, ou l'intervalle de ligne, qu'ils occupent eux-mêmes, excepté le cas où cet effet est prévenu par un bécarre, pour une note particulière.

On appelle *clef*, dans le chant, un signe, placé au commencement d'une portée, pour indiquer la position sur cette portée, d'une certaine note, et par celle-là, celle de toutes les autres, que l'on trouve en les nommant dans leur ordre naturel, soit en montant, soit en descendant, à partir de la note dont la position est déterminée par la *clef*.

Il n'y en a que deux dans le plain-chant, savoir :

La *clef* ou le signe servant à indiquer la position de la note *ut* : on l'appelle *clef* d'UT ; la *clef* ou le signe servant à indiquer la position de la note *fa* : on l'appelle *clef de* FA.

Les clefs se placent sur les lignes, jamais dans les espaces des lignes.

La clef d'UT a cette forme :

Elle se place sur l'une des quatre lignes de la portée, indiquant que la note, qui est sur cette ligne, est un *ut*, comme il suit :

La clef d'*ut* sur la 1re ligne est très-rare.

La clef de FA a cette forme :

Elle se place sur l'une des quatre lignes de la portée, indiquant que la note, qui est sur cette ligne, est un *fa*, comme il suit :

La clef de *fa* sur la 1re ligne est très-rare, et en France même, elle n'est d'usage que sur la troisième.

L'usage des clefs serait inutile, si la voix humaine était renfermée dans l'intervalle d'une octave ; car, alors, avec quatre lignes dans la portée, il suffirait d'avoir fixé, une fois pour toutes, la position relative des notes.

Mais, la voix humaine, depuis les sons les plus graves jusqu'aux plus aigus, peut, et au-delà, parcourir trois intervalles d'octave ou 23 ou 24 notes, en sorte qu'il faudrait, pour la position de toutes ces notes, une portée de 11 ou 12 lignes, qui deviendraient certainement un labyrinthe pour l'œil.

D'une autre part, la voix humaine, dans une mélodie, peut rarement sortir, et, dans le plain-chant, il est de règle, qu'elle ne sorte pas des notes comprises dans l'intervalle d'une octave. De là le besoin d'un signe, pour indiquer, si la voix humaine doit se servir de l'octave supérieure ou de celle du milieu, ou de celle d'en bas ; et le retranchement de toutes les autres lignes de la portée, devenues inutiles. La chose parlera aux yeux par le tableau suivant :

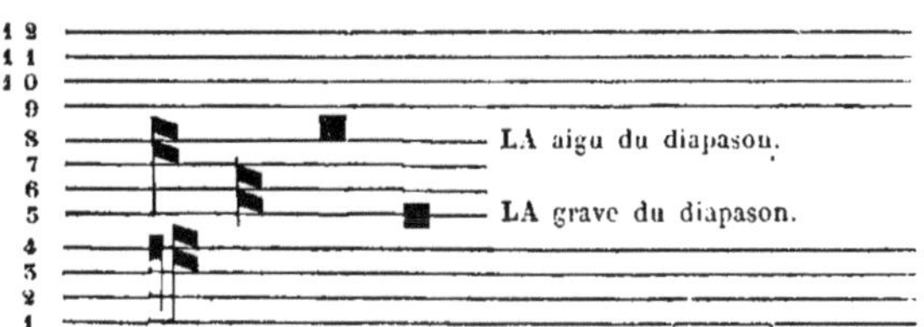

On pourrait appeler cette *portée, portée générale.*

La *clef supérieure* (marquée ici comme une clef d'*ut*, faute du caractère propre) est la clef de *sol.* On s'en sert pour les mélodies écrites avec les sons les plus aigus.

La clef *du milieu* est la clef d'*ut.* On s'en sert pour les mélodies écrites avec les sons moyens.

La clef *inférieure* est la clef de *fa.* On s'en sert pour les mélodies écrites avec les sons graves.

Le plain-chant n'emploie jamais les sons aigus de la clef de *sol*, il se renferme dans les notes marquées par les deux autres.

De même, quand on se sert des intervalles d'une octave, il peut arriver et il arrive souvent, que les notes supérieures se répètent, plus fréquemment que les inférieures ou *vice versâ ;* et c'est afin que les notes se trouvent toujours approximativement sur le *corps* de la portée, que dans ces cas on hausse ou l'on baisse, d'une ligne ou même de deux et plus, la clef propre à l'octave dont on se sert. Pour la même raison, c'est-à-dire pour la transition de l'emploi des notes graves à l'emploi des notes aiguës de la même octave, on trouve quelquefois des changements de clefs, dans l'étendue d'un même morceau. Comme il est de la plus haute importance, que le chantre aperçoive habilement ces changements de clefs, on place toujours devant chacun d'eux, sur la ligne ou dans l'espace dont l'intonation doit être prise pour la première note de la clef qui se présente, ce petit signe appelé *guidon :*

Exemple :

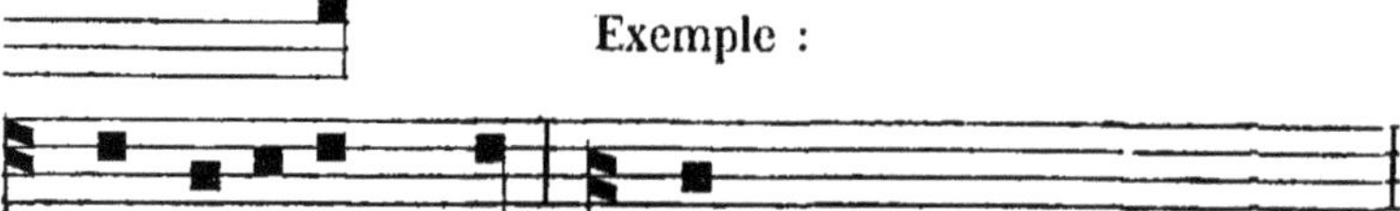

C'est le même signe que l'on place à la fin de chaque portée, pour indiquer la première note de la portée suivante.

Ces changements de clefs rendent difficile l'étude du chant. Il est bien à désirer qu'on les évite le plus possible. Quelques personnes ont émis le désir de voir, pour le plain chant, employer une seule clef et une portée de cinq lignes. Cela suffirait avec quelques lignes supplémentaires, dans des cas assez rares, pour écrire toutes les pièces. Ce désir, en exécution, paraît devoir aplanir trop de difficultés pour qu'il ne mérite pas quelque attention.

Il s'en faut de beaucoup que la *notation* du plain-chant ait toujours été telle qu'il vient d'être dit.

C'est seulement au XIe siècle qu'elle a commencé à prendre cette forme. Auparavant, elle était fondée sur un tout autre système dont il convient de donner une idée, soit pour l'intérêt historique qui s'y rattache, soit pour l'explication de quelques mots dont on ne peut autrement comprendre le sens.

Les Anciens, à ce qui paraît certain, n'avaient point donné de noms aux sons du chant. Ils avaient seulement emprunté, pour les distinguer, les lettres de l'alphabet. Chez les Grecs, on se servait de lettres grecques placées au-dessus des paroles que l'on devait chanter. Ces lettres étaient tantôt droites, tantôt renversées pour exprimer ainsi les différents degrés d'*acuité*. On s'est servi de même des lettres latines, avec cette différence que l'on désignait les sept premières notes par les majuscules de l'alphabet : A B

C D E F G; les sept suivantes par les mêmes lettres, mais de forme différente, comme : a b c d e f g; enfin, si l'on avait besoin de plus, par les mêmes petites lettres prises deux à deux, comme : aa, bb, etc.

Les sons dont se servaient les Grecs, et dont se servirent ensuite les Latins, étaient au nombre de *quinze.*

Le plus grave répondait à un *la* grave, et le plus aigu répondait aussi à un *la* pris à la double octave du premier.

Ces quinze sons étaient partagés en quatre *tétracordes*, ou suite de quatre notes, sans y comprendre la dernière inférieure, qu'on appelait *surnuméraire*, et de manière que la *dernière* note du *premier* servait de *première* au *second* et ainsi de suite, excepté entre le deuxième et le troisième.

En traduisant, en notation actuelle, tout ce système, on a le tableau suivant, dont l'inspection seule suffit pour faire comprendre parfaitement.

Tétracorde hyberboléon, ou des aiguës	15	la	I	Iôta	aa
	14	sol	M	Mu	g
	13	fa	⅄	Upsilon renversé	f
	12	mi	⊖	Phi couché	e
Tétracorde diézeugménon, ou des séparées	11	ré	℧	Oméga	d
	10	ut	Γ	Gamma	c
	9	si	Z	Zêta	b
Tétracorde méson, ou des moyennes	8	la	I	Iôta	a
	7	sol	M	Mu	G
	6	fa	P	Rho	F
	5	mi	C	Sigma	E
Tétracorde hypaton, ou des principales	4	ré	Φ	Phi	D
	3	ut	R	Bêta imparf.	C
	2	si	ꓶ	Gamma à rebours	B
Surnuméraire	1	la	7	Zêta imparf.	A

D'où l'on voit que la correspondance, entre les lettres anciennes et les noms actuels, s'établit de cette sorte :

A	B	C	D	E	F	G	
la	si	ut	ré	mi	fa	sol	
a	b	c	d	e	f	g	aa.
la	si	ut	ré	mi	fa	sol	la.

Il parait probable que les Grecs chantaient par tétracordes, comme nous chantons par octave, c'est-à-dire qu'ils chantaient, en employant les noms actuels :

si ut ré mi ; mi fa sol la ; si ut ré mi ; mi fa sol la.

Vers l'an 1022, *Gui*, moine bénédictin, d'Arezzo, en Toscane, acheva de changer le système des Grecs. Il ajouta en haut un nouveau tétracorde, c'est-à-dire les notes : bb cc dd ee, répondant aux notes *si*, *ut*, *ré*, *mi*, et en bas une deuxième note surnuméraire qu'il désigna par un Γ ou G grec et répondant à la note *sol*. De toutes ces notes, une seule, pour une raison que l'on verra dans la théorie de l'introduction du bémol, et pour d'autres encore qu'on n'explique point ici, était sujète à variation, devant être chantée tantôt un demi-ton plus haut, tantôt un demi-ton plus bas ; c'était le B, c'est à-dire, le *si*. Autrement, toutes les autres notes ayant un son fixe, le B seul devait être chanté, tantôt mou (d'où vient *bémol*, c'est-à-dire : B *mol, mou*), tantôt dur (d'où vient *bécarre*, c'est-à-dire : B *carré, dur*).

Gui substitua aux lettres qui désignaient les six sons fixes, les syllabes *ut, ré, mi, fa, sol, la,* qu'il tira, comme on sait, de l'hymne de saint Jean-Baptiste, où chaque syllabe se chantait alors réellement, sur le ton qu'elle exprime maintenant [1]. Le B ou le *si* resta sans nom. Pour suppléer à cette note innommée, suivant qu'on voulait la chanter *molle* ou *dure*, *Gui* fit trois rangs perpendiculaires qu'il appela exacordes. Celui du milieu, appelé de *nature*, était composé des notes *ut, ré, mi, fa, sol, la,* répétées deux fois, l'*ut* se trouvant correspondre au C de l'ancienne notation, et l'intervalle de *la* à *ut* demeurant vide. Celui de droite, appelé de *bémol,* était composé des mêmes notes disposées de même, répétées trois fois, mais l'*ut* répondant au Γ (gamma) ajouté. Enfin, celui de gauche, appelé de *bécarre*, avait aussi la même disposition ; il était répété deux fois, et l'*ut* répondait à l'F. Voici la disposition générale du système :

C'est par respect pour cette origine, qu'on s'est abstenu de substituer la syllabe *do,* universellement en usage dans la musique, à *ut*. Ce chant est tiré d'un manuscrit de Sens.

Lettres.	Exacordes de bécarre.	Exacordes de nature.		Exacordes de bémol.
ee.				la
dd.	la.			sol
cc.	*sol*			*fa*
bb.	*fa.*			*mi*
aa.	*mi*	la	la.	*ré*
g	*ré.*	sol	*sol*	ut
f.	ut.	*fa*	*fa.*	
e		*mi*	*mi*	la
d	la.	*ré*	*ré.*	sol
c	*sol*	ut	ut.	*fa*
b	*fa.*			*mi*
a	*mi*	la	la.	*ré*
G	*ré.*	sol	*sol*	ut
F	*ut.*	fa	*fa.*	
E		mi	*mi*	la
D		ré	*ré.*	sol
C		ut	ut.	*fa*
B				*mi*
A				*ré*
Γ				*ut*

Si, avec cela, on désire trouver le ton de la note *si*, et l'intercaler dans l'ascension des sons, voici comme il faut faire.

Soit qu'on veuille chanter par bémol ou par bécarre, on observera que, voulant monter au-dessus du *la*, on commencera par l'exacorde de bécarre ou de bémol, et on passera dans l'exacorde de nature là où s'y présentera le *ré;* on repassera dans le premier, là où s'y représentera le *ré,* et ainsi de suite.

De même on observera que, voulant descendre, on commencera par l'exacorde de bémol ou de bécarre, et on passera dans l'exacorde de nature là où s'y présentera le *sol;* on repassera dans le premier, là où s'y représentera le *sol,* et ainsi de suite.

En effet, si l'on chante ainsi par *bémol* en montant, on dira :

ut ré mi fa ré mi fa sol
ut ré mi fa sol la si bémol ut

ré mi fa ré mi fa sol
ré mi fa sol la si bémol ut

ré mi fa ré mi fa sol
ré mi fa sol la si bémol ut

Ce qui établit la disposition et le retour du demi-ton comme il se trouve dans une gamme actuelle, dont le *si* est bémolisé, comme on peut le voir par les noms en petites lettres.

Si l'on chante par *bécarre* en montant, on dira :

ut ré mi fa sol ré mi fa
ut ré mi fa sol la si ut
ré mi fa sol ré mi fa
ré mi fa sol la si ut
ré mi fa sol ré mi fa, etc.
ré mi fa sol la si ut

Ce qui établit encore la disposition et le retour du demi-ton comme dans une gamme actuelle dont le *si* est naturel.

En descendant par *bémol*, on dira :

la sol fa mi ré sol fa mi
la sol fa mi ré ut si bémol la
sol fa mi ré sol fa mi, etc.
sol fa mi ré ut si bémol la

et par *bécarre :*

la sol fa mi sol fa mi ré
la sol fa mi re ut si la
sol fa mi sol fa mi ré
sol fa mi ré ut si la

Ce qui fait voir encore la loi de la disposition et du retour du demi-ton, comme dans une gamme actuelle.

Le passage d'un exacorde à l'autre s'appelait *muances*, du latin *mutare, changer*, d'où vient l'expression, chanter par *muances*.

Cette manière difficile de parcourir la série des sons subsista longtemps, peut-être même jusqu'au milieu du XVIe siècle.

Avant cette époque, le P. *Mersenne* et *Banchieri* parlent de l'addition de la septième syllabe, qu'on appelait : *bi, ci, ni, di, si* par bécarre, et : *ba, ca, na, da, za* par bémol. Alors enfin, *Le Maire*, si ce n'est pas lui seul qui trouva le *si*, comme le dit *Choron*, au moins en fixa la prononciation, qui fut désormais *si* par bécarre et *za* par bémol; et la gamme *naturelle,* par la répétition de la *tonique* devint ce qu'elle est maintenant.

Plusieurs auteurs font remonter le *si* beaucoup plus haut. Le cardinal *Bona* même, mais cela paraît peu probable, en attribue l'invention à un certain *Ericius Dupuis*, qui vivait très-peu de temps après *Gui d'Arezzo.*

Il suit de là, qu'il est peu juste d'attribuer la disposition de la gamme actuelle à ce dernier. Il augmenta le nombre des sons du système grec, qu'il modifia quelque peu, remplaça les lettres par les six syllabes : *ut*, *ré*, *mi*, *fa*, *sol*, *la*, et probablement fixa l'emploi de la *portée,* ce qui fut un grand pas; mais, peut-être, il embrouilla beaucoup le reste.

On peut comprendre maintenant la signification des mots: *gamme,* qui continua à être employé même après l'abandon des *muances* de *Gui; bémol, bécarre*, etc. On peut comprendre aussi cet ancien adage : *mi* contre *fa*, c'est le diable en musique. C'est qu'en effet, ce *mi-fa*, qu'on répétait deux fois, était, dans l'étude du chant, d'une grande difficulté, et qu'ensuite, en chantant par *bécarre,* pour monter ou pour descendre, le second *mi,* qui était notre *si* actuel, était éloigné du premier *fa* d'un intervalle de *triton*, de tous, le plus désagréable à l'oreille. Enfin, on peut comprendre pourquoi, maintenant encore, on dit, en parlant du ton d'un psaume, il est en C ou en F, etc. Ce sont les lettres anciennes employées au lieu des noms modernes; c'est un faible, mais respectable débris de la notation de nos ancêtres [1].

---

[1] Les lettres, dont on se servait dans la *notation* ancienne, indiquaient l'*acuité* ou la *gravité* des sons, mais nullement leur *durée*.

Ce ne fut même que, fort longtemps après *Gui d'Arezzo*, que l'on imagina de représenter la *durée* des sons, par les différentes *figures* des notes. On se contentait d'écrire des *points* sur la *portée*, laissant au chanteur le soin d'allonger plus ou moins, suivant son goût et le rhythme de la langue. C'est de là que vient le mot *contrepoint;* chanter, composer en *contrepoint*, c'est-à-dire à plusieurs voix en *harmonie:* car, en réalité, on écrivait note contre note, ou *point* contre *point*.

CHAPITRE DEUXIÈME.

Mesure.

La mesure, dans le plain-chant et dans la musique, est une division du *temps* en un nombre déterminé de parties égales, qui règlent la durée d'un ou de plusieurs sons. Cette division s'effectue, d'ordinaire, par un mouvement régulier de la main ou du pied. C'est ce que l'on appelle *battre* la mesure. Les portions égales de *durée*, en lesquelles, tout le temps de la mesure est divisé par le mouvement régulier de la main, retiennent le nom de *temps*, et suivant que, dans une mesure, il y a une, deux, trois ou quatre portions, on dit que la mesure est à un, deux, trois, quatre *temps*.

La mesure à *un* temps s'indique par un seul mouvement de la main, que l'on répète, autant qu'il le faut, à des intervalles parfaitement égaux. L'unique *temps* de cette mesure comprend toute la durée qui s'écoule, depuis le point de départ de la main, jusqu'au retour à ce même point.

La mesure à *deux* temps s'indique par un seul mouvement de la main, qui est divisé en deux parties parfaitement égales, en considérant le point de départ et celui du milieu de la course.

La mesure à *trois* temps s'indique par un mouvement composé de la main, qui se porte en bas, à droite et en haut, en recommençant, autant qu'il le faut.

La mesure à *quatre* temps s'indique par un mouvement composé de la main, qui se porte en bas, à gauche, à droite, en haut, en recommençant, autant qu'il le faut.

Le but de la mesure est, comme on le voit, de forcer, pour ainsi dire, chacun à employer exactement le même temps pour l'émission des notes, et d'obtenir, comme par une force mécanique irrésistible, l'union et l'accord des voix. Si l'on en excepte les psaumes, qui n'ont d'autre mesure que celle qu'établit naturellement la prononciation *tonique* des paroles, tous les autres morceaux de plain-chant peuvent être mesurés avec la mesure à deux temps, ou avec la mesure à trois temps.

On se sert de la mesure à trois temps, pour toutes les proses et quelques hymnes, excepté ordinairement l'invocation, qui ont alternativement une note carrée et une note brève. Il faut avoir soin de donner deux temps pour la note carrée, et un seul pour la note brève.

On se sert de la mesure à deux temps, pour tous les autres morceaux, en ayant égard aux remarques suivantes, qui sont généralement observées dans les églises, où le chant est l'objet des soins qu'il mérite :

1° Toute note carrée vaut un temps.

2° Toute note brève vaut un demi-temps.

3° Toute note carrée, suivie d'un nombre impair de notes brèves, vaut un temps et demi ; cette demie se joignant à la brève suivante, pour compléter les deux temps.

4° Toute note carrée, suivie d'un nombre pair de notes brèves, retient la valeur d'un temps, et les brèves qui suivent se réunissent deux à deux pour former un temps.

Régulièrement, dans tous les morceaux chantés à deux temps, *l'avant-dernière* note de la fin du morceau, ou de la partie chantée par un ou par plusieurs à qui d'autres doivent succéder, doit compter pour deux carrées, à moins qu'elle ne soit brève. De même, la *dernière* note d'un chant quelconque ou d'une partie de chant quelconque, qui est suivie d'une reprise, doit toujours compter pour un temps et demi ; la demie qui reste compte comme silence et la reprise commence seulement après. Il faut excepter le cas où il y aurait une grande barre ou même une double barre, deux signes qui, par eux-mêmes, indiquent et veulent toujours une suspension de chant, ou un silence, pendant l'espace d'un *temps*. Il y a, dans quelques graduels, des proses marquées avec ce qu'on appelle la mesure à $\frac{6}{8}$. Cette mesure étant étrangère au plain-chant, et pouvant toujours facilement se remplacer par la mesure à trois temps, nous la passons sous silence.

On ne saurait se dissimuler que la *mesure*, si utile et même si nécessaire dans le système musical moderne, donne au plaint-chant un caractère de raideur et de mécanique ensemble qui ne lui convient nullement.

Aussi, dit Monseigneur *Wiseman*[1], paraît-il que, dans l'ancien

[1] Conférences sur la Semaine sainte, p. 94

chant ecclésiastique, la mélodie était rhythmique, c'est-à-dire que les notes ne représentaient pas différentes durées de temps, mais seulement la gravité ou l'acuité du son. La durée des notes suivait ainsi simplement la quantité des syllabes; et le *Cérémonial de Toul* (page 52), dit seulement : « Il me semble (car ce n'est qu'un avis) qu'il serait à propos, particulièrement aux jours solennels, que l'on chantât le plain-chant *comme* en battant la mesure[1]. »

[1] Cependant, il faut avouer que l'introduction de quelque mesure remonte à une antiquité déjà respectable.

On s'accorde communément à regarder *Jean de Muris*, qui vivait vers l'an 1320, comme le premier introducteur du chant mesuré; mais on trouve, dans les siècles antérieurs, quelques passages qui semblent prouver que, déjà, on se servait d'un signe manuel ostensible pour la direction du chœur. Ils sont, croyons-nous, assez curieux pour qu'on nous pardonne cette citation.

Le moine *Elias Salomon*, qui vivait vers l'an 1270, expliquant les règles à suivre pour faire chanter à quatre voix, dit : « Rector ponet omnes or- » dinatim in suas voces et faciet in pausas cum manu suâ super librum » honestè dissyllabando[1]. » On lit dans un *Codex* des moines du Mont-Cassin, au XIe siècle : « Magister cantûs per medium, albam indutus atque » pluvialem, sinistrâ manu virgam pastoralem propter disciplinam tenet » ut omnes subjiciantur. Proindè dextrâ manu elevatâ metiri atque com- » ponere ostensionibus omnibus demonstrat, ut, insimul aspiciantur ad » manum, ut sicut metiendo prænotetur cantus, omnes quasi unâ voce » concorditer cantum componant sicut de acie pugnatorum diximus. Et isti « directâ mente, mundo corde, pronâ voluntate, voces æquales atque » consimiles zelum odii contrà diabolum et zelum amoris Dei dirigunt[2]. »

Que la mesure soit toujours assez grave et décente, pour qu'elle puisse concourir à la manifestation des sentiments qu'on vient de lire, et on n'aura lieu d'y voir, peut-être, qu'une chose utile qu'il serait difficile de remplacer.

1 De Scriptoribus mus. sacr. III vol., p. 57.
2 Ibidem, p. 520.

CHAPITRE TROISIÈME.

Diapason des voix.

On appelle *diapason*[1] un petit instrument d'acier formé de deux branches recourbées qui, mises en vibration, donnent un son déterminé, d'après lequel on dispose et on nomme tous les autres. Celui qui est employé maintenant donne le son *la*.

Le mot *voix* a différents sens : ici, c'est l'organe vocal humain, considéré comme capable de parcourir, du grave à l'aigu, une *somme* déterminée de notes. Cette somme de notes, prise en soi, constitue l'*étendue* de la voix, prise par comparaison à une somme de notes, que peut parcourir une autre voix, constitue le *diapason* des voix. Ainsi l'on dit : la voix ordinaire du ténor a une *étendue* de 12 notes et un *diapason* supérieur de quatre à celui de la basse ; on prend aussi ces deux mots l'un pour l'autre. La somme des notes qui peut être parcourue par l'organe vocal des femmes ou des enfants, est bien différente de celle qui peut l'être par celui des hommes.

De même, parmi les voix d'hommes et parmi les voix de femmes ou d'enfants, il y a des différenees très-sensibles, les unes pouvant faire entendre les notes graves et ne pouvant pas monter beaucoup à l'aigu, et les autres pouvant le contraire. C'est ce qui a fait partager toutes les voix humaines, d'après leur diapason ordinaire, en deux catégories principales qui en renferment, chacune, deux autres :

1° Voix d'hommes, qui comprend la voix de *ténor*, parce que c'est la voix qui tient ordinairement la partie principale ; et la voix de *basse*, parce qu'elle descend plus bas que la voix de ténor.

2° Voix de femmes ou d'enfants, qui comprend la voix de *so-*

---

[1] Du grec, διὰ, πας, traversée générale, parce que le diapason règle la série générale des sons.

prano ou voix haute des enfants ; et voix de *contralto* ou voix basse des enfants.

Le tableau suivant, établi sur une seule portée, donne le diapason relatif de chacune de ces voix, et montre que l'étendue générale de la voix humaine est de 24 notes ou trois octaves.

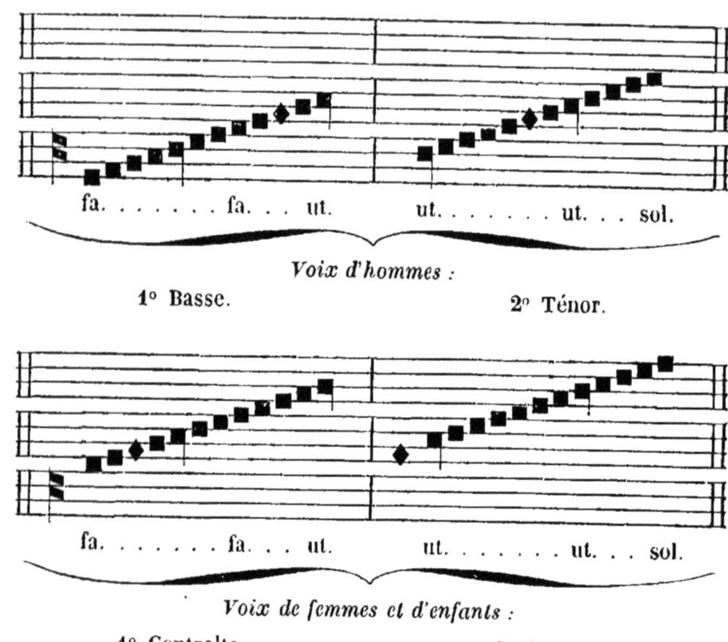

La note qui sert de point de départ est le *la* grave du diapason ; elle est dans l'interligne où se trouve la note *brève*. On remarquera que chacune des voix a une étendue de 12 notes ; que les basses descendent au second *fa* au-dessous du *la*, et montent à l'*ut* premier au-dessus ; que les ténors descendent à l'*ut* premier au-dessous, et montent au *sol* second au-dessus ; que les contraltos, voix de basse des femmes, répètent les mêmes notes que la basse des hommes, à l'octave ; et qu'enfin les sopranos, ou ténors des femmes, répètent les mêmes notes que les ténors des hommes, à l'octave.

Les limites de ces quatre espèces de voix ne sont pas si strictement tracées, qu'il n'arrive pas, très-souvent, qu'une voix ne puisse faire une ou plusieurs notes, des notes *spéciales* des autres voix. Il est même très-ordinaire. que le ténor puisse descendre dans la voix basse et réciproquement celle-ci monter dans les sons du ténor. Cependant, le ténor n'atteint jamais les limites de la basse, ni la basse les limites du ténor. La même disposition existe pour les deux voix de femmes et d'enfants.

Outre ces quatre voix, il y en a quelques autres; mais elles sont plus rares; ce sont : la *basse-contre*, plus basse que la basse; le *baryton*, entre la basse et le ténor ; le *haut-ténor*, plus haut que le ténor ordinaire.

Enfin, généralement, chacune des voix parcourt l'étendue naturelle de ses douze notes en tirant les sons des *huit* premières, plus spécialement de la poitrine, et les sons des *quatre* dernières, plus spécialement du gosier.

Outre cela, toute voix d'hommes peut imiter la voix de femmes, ou d'enfants, en se transformant en ce qu'on est convenu d'appeler voix *de tête* ou voix de *fausset;* cette dernière voix, qui se retrouve aussi chez les femmes et chez les enfants, commence là, où finit l'échelle naturelle; on l'obtient, en s'exerçant à faire frapper, contre le palais, et dans les sinus frontaux, l'air que les poumons expulsent.

Il est de la plus haute importance, pour quiconque veut apprendre ou faire apprendre le chant, d'avoir ces notions sur le diapason des voix, pour s'exercer ou exercer les autres dans le genre de voix qui convient, les habituer dans cette voix, à passer insensiblement, de la voix de poitrine à la voix de gosier, et de celle-ci, à la voix de tête. En y faisant attention, les voix les plus rebelles ne tarderont pas à se former; autrement, on court risque, de perdre beaucoup de son temps et de sa peine.

CHAPITRE QUATRIÈME.

Théorie des modes ou tons du Plain-chant.

Outre le sens dans lequel le mot *ton* a déjà été pris, et quelques autres encore, comme quand on dit : il a mon *ton*, c'est le *ton* du chœur ; ce mot *ton* s'emploie, pour exprimer le caractère que reçoit une gamme, du plus ou moins d'acuité ou de gravité de sa première note *grave*, et par suite de toutes les autres.

On appelle *mode* le caractère que reçoit une gamme de la disposition relative de ses tons et de ses demi-tons.

Il y a donc une grande différence entre *mode* et *ton*. Dans le premier, on ne considère que la position des demi-tons. Toutes les gammes, quelles que soient, d'ailleurs, les notes dont elles se composent, qui ont les demi-tons placés de la même manière, par exemple : de la troisième à la quatrième note, et de la septième à la huitième, sont du même *mode*.

Dans le second, on considère simplement le nom et l'acuité de la première note de la gamme, sans faire attention à la position des demi-tons, et l'on dit : être dans le ton de *ré*, de *mi*, quand la première note par le bas est un *ré* ou un *mi*.

Pour faire connaître la théorie des modes ou tons du plain-chant, tels qu'ils ont été réglés, dès le temps de saint *Grégoire*, il serait naturel d'employer les mêmes termes et le même mode d'exposition, qu'à cette époque reculée. Mais cette marche serait, à la fois, difficile et peu compréhensible. Il sera plus simple de traduire immédiatement les résultats obtenus, et de les développer, dans le sens qui est admis par tous, en partant de nos connaissances actuelles.

Soit donc (indépendamment des systèmes de *Rameau* ou de *Tartini* ou d'autres, imaginés pour en expliquer la formation rationnelle), la gamme diatonique majeure :

dans laquelle le LA est celui donné par le diapason pris au grave [1] et dans laquelle le demi-ton se trouve de la troisième à la quatrième note, et de la septième à la huitième. Nous l'appellerons gamme *modèle*.

Deux moyens principaux se présentaient, pour, avec cette gamme, former d'autres gammes.

1° Prendre chacune de ces notes pour point de départ, et monter d'une octave, mais en conservant, dans chacune des nouvelles gammes, invariablement, le demi-ton de la troisième à la quatrième, et de la septième à la huitième note; et, pour cela faire, en haussant, par le signe *dièse*, ou baissant par le signe *bémol*, toutes les notes de la gamme modèle, où cette modification serait nécessaire, comme il suit, en haussant les notes :

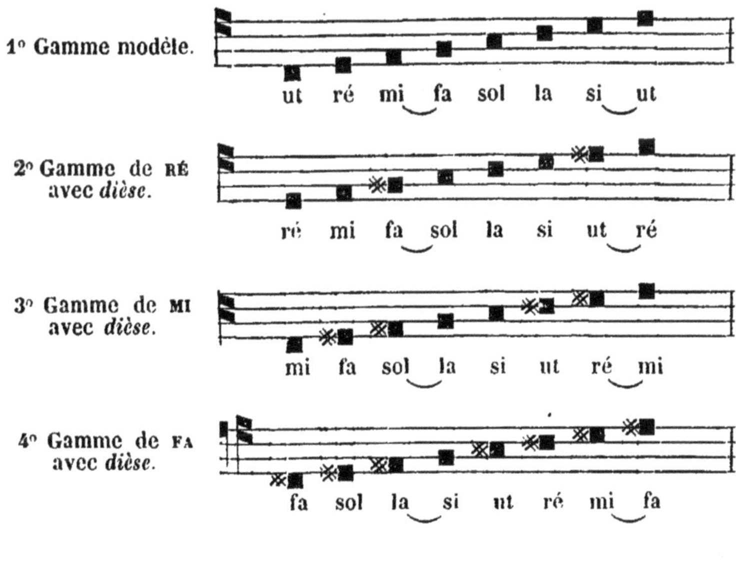

[1] Le *la grave* du diapason, c'est-à-dire le *la* de la gamme du ténor, fait par seconde 212 vibrations; le *la* aigu, c'est-à-dire celui de la gamme du soprano, en fait 424.

L'oreille humaine perçoit des sons *graves* produits par 14 ou 15 vibrations par seconde, et des sons *aigus* produits par 48,000; ce qui fait un intervalle d'à peu près 12 octaves ou 80 notes. Au lieu du *la*, on prend quelquefois, un diapason qui donne le second *ut* du ténor et du soprano, faisant, le premier, 256, et l'autre, 512 vibrations, par seconde.

Cette gamme est la même que la gamme modèle à l'octave en haut; on peut aussi diéser toutes les notes.

En baissant les notes :

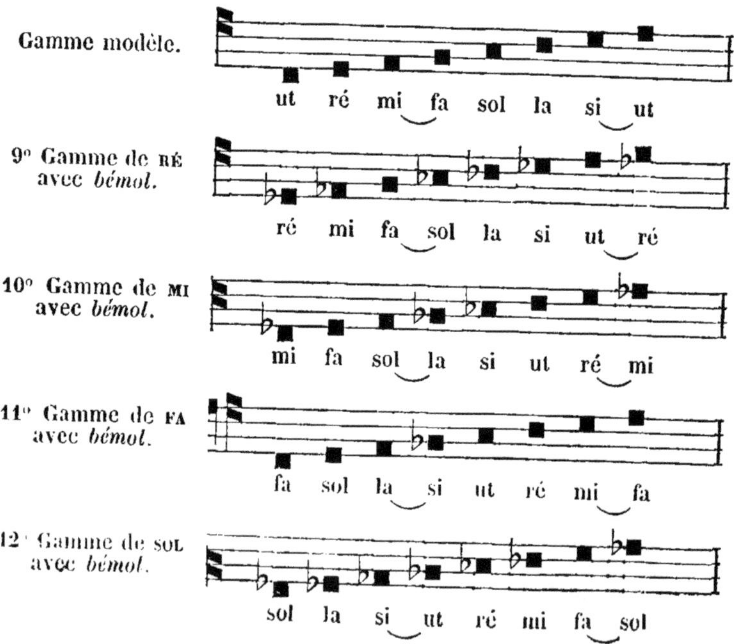

Cette gamme est la même que la gamme modèle, à l'octave en haut; on peut aussi bémoliser toutes les notes.

En employant ce moyen, on obtient *quinze* gammes différentes, qui constituent *quinze* tons différents, mais seulement *un seul* mode, puisque dans toutes ces gammes on a la même disposition des demi-tons, de la troisième à la quatrième et de la septième à la huitième.

Si l'on supposait une seconde gamme modèle, qui ne différerait de la première, qu'en ce que, son premier demi-ton serait placé de la deuxième à la troisième note, comme il suit :

et si, comme précédemment, on prenait chacune des notes de cette gamme mineure, comme point de départ, mais en conservant le premier demi-ton, invariablement, de la deuxième à la troisième; on obtiendrait facilement *quinze* nouvelles gammes qui seraient mineures et constitueraient *quinze* nouveaux tons, mais seulement *un* mode nouveau.

Or ces moyens sont exactement ceux qui ont été employés pour l'organisation du système de la musique moderne, qui ne remonte pas au-delà du commencement du XIVe siècle.

Il n'y a donc dans ce système que *deux* modes : l'un appelé majeur, dans lequel le premier demi-ton se trouve de la troisième à la quatrième note; et l'autre mineur, dans lequel, il se trouve de la deuxième à la troisième, et *trente* gammes ou tons[1].

Mais, outre ce premier moyen, qui n'est ici mentionné que pour offrir un terme de comparaison, il y en avait un autre, plus simple et plus facile; c'est celui qui a été employé, pour l'organisation des chants de l'Eglise, et que voici :

2° En partant de la gamme modèle majeure,

on prend chacune des notes, pour point de départ, on monte d'une octave, et l'on conserve, dans chacune des nouvelles gammes, invariablement, les demi-tons, entre les notes où ils se trouvent dans la gamme modèle, c'est-à-dire, toujours entre le MI et le FA, entre le SI et l'UT.

D'après cette disposition que l'on appelle *échelle diatonique*, la place des demi-tons varie d'une gamme à l'autre. En voici le tableau :

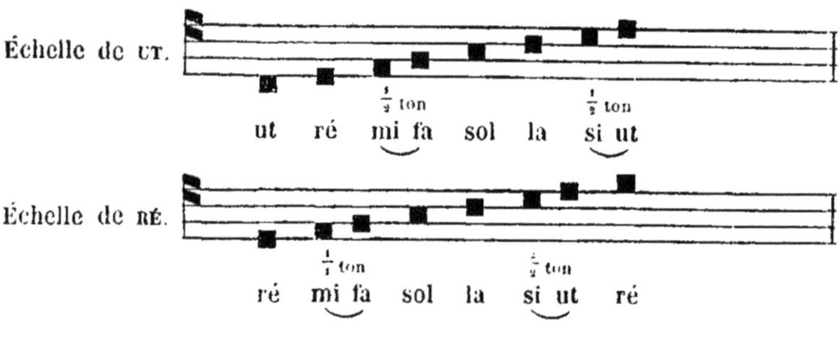

---

[1] Si c'était ici le lieu, et on peut s'en convaincre par un instant de réflexion, on ferait remarquer comme il résulte nécessairement de cette exposition, 1° Que les dièses se placent de quinte en quinte, en montant dans cet ordre : *fa, ut, sol, ré, la, mi, si;* et les bémols de quinte en quinte en descendant, dans un ordre inverse : *si, mi, la, ré, sol, ut, fa;* 2° qu'avec des dièses à la clef, posés dans l'ordre précédent, la première note de la gamme du ton, est toujours celle qui suit, en montant, le dernier dièse posé à la clef; et avec des bémols, la quatrième note au-dessous du dernier bémol, ou plus facilement, la note affectée de l'avant-dernier bémol; 3° que chaque ton *majeur* a un *mineur* relatif, à la tierce au-dessous de lui, et qu'on est dans ce mineur relatif, chaque fois que la quinte du majeur est altérée par un dièse ou par un bécarre.

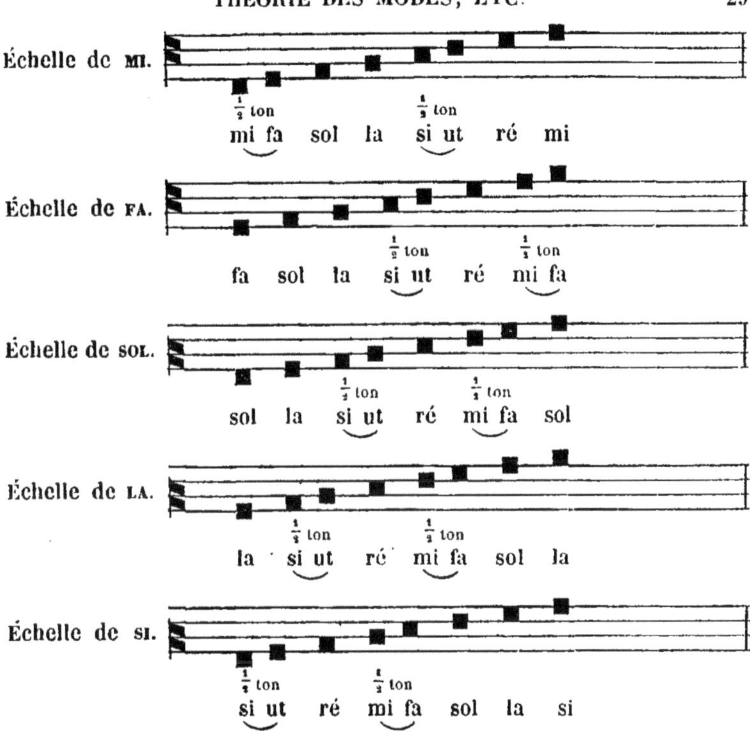

On avait ainsi sept tons différents et sept modes différents ; les deux choses ici vont nécessairement ensemble.

Mais, les premiers organisateurs des règles du plain-chant, remarquant que, dans l'emploi des sept gammes précédentes, plusieurs mélodies, s'appuyant sur la quinte ou les cinq premières notes, montaient de préférence à la quarte supérieure, et que plusieurs autres s'appuyant sur la même quinte, descendaient de préférence dans la quarte au-dessous, furent conduits, par là, à adopter une nouvelle disposition qui amena sept nouveaux modes.

Reprenant donc les sept gammes précédentes, ils s'arrêtèrent à la quinte, et reportèrent au-dessous, en descendant, la quarte qui restait au-dessus, en montant. Ils obtinrent les résultats dont voici le tableau :

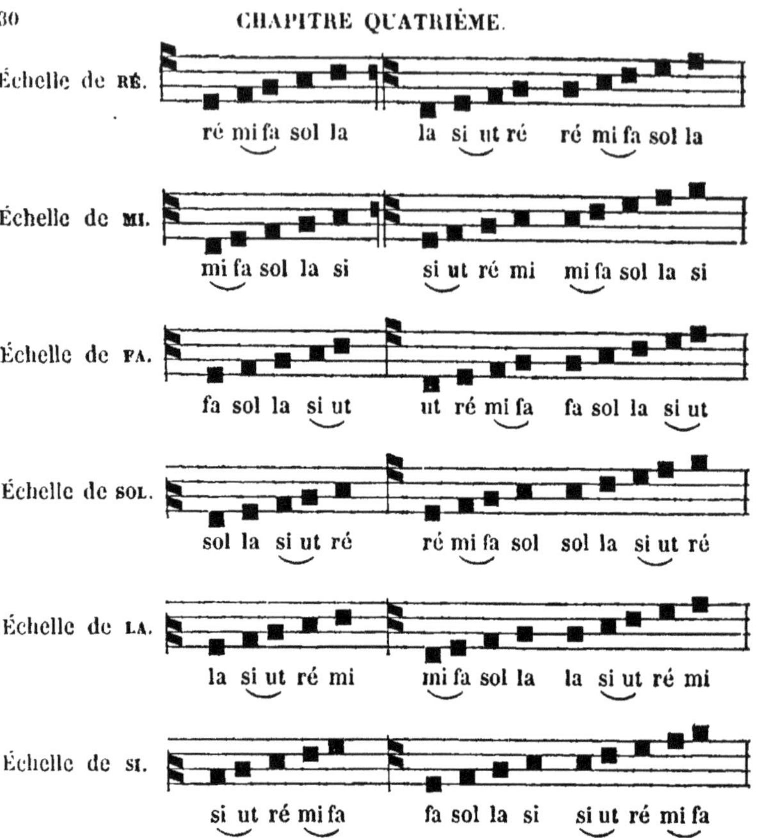

C'est ainsi que furent trouvées sept nouvelles gammes, qui constituèrent sept nouveaux tons ou modes, et en portèrent le nombre total à *quatorze*.

Pour qu'on en voie mieux les rapports, et l'étendue comparative, les voici tous sur une portée musicale; d'abord, les sept de première formation, et ensuite les sept autres; une note *carrée* devant la clef indique le *la* grave du diapason.

1°

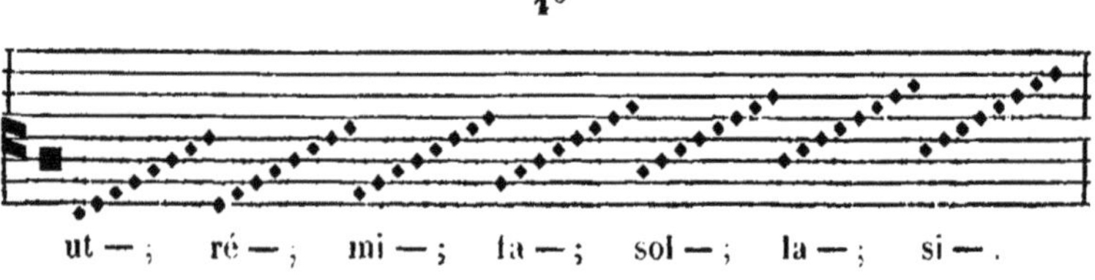

2°

On donna, aux sept tons ou modes de première formation, le nom de tons *authentes* ou *authentiques* (du grec αὐθέντης, maître de soi-même), ou *principaux* ou *maîtres*, sans doute parce qu'ils furent trouvés et reçus les premiers. On les appela aussi *supérieurs*, parce qu'en effet, ils sont respectivement supérieurs de quatre notes, à leurs correspondants de formation secondaire.

On donna aux sept autres tons, ou modes, le nom de *plagaux* ou *collatéraux* ou *inférieurs*.

On pourrait dire, ainsi, que les tons authentiques sont les sept premiers, et les tons plagaux, les sept derniers. Mais l'usage prévalut, de faire suivre chaque ton authentique, de son plagal correspondant; d'où il suit, que les tons authentiques se trouvent aux sept nombres impairs : 1, 3, 5, 7, 9, 11, 13, et que les sept tons plagaux, se trouvent aux nombres pairs : 2, 4, 6, 8, 10, 12, 14.

Les choses, probablement, restèrent dans cet état, jusqu'à la réforme introduite par saint *Grégoire-le-Grand*, au sixième siècle, ou plutôt jusqu'à saint *Ambroise*. On pense généralement que ce fut ce grand pape qui réduisit à *huit*, le nombre des modes. On pourrait dire, peut-être, avec plus de justesse, qu'il l'augmenta jusqu'à *huit*, car plusieurs auteurs pensent que saint *Ambroise* avait adopté les quatre authentiques, *ré*, *mi*, *fa*, *sol*. Quoiqu'il en soit des raisons qui le guidèrent dans cette réduction, ou dans cette augmentation, il choisit, à l'exclusion de tous les autres, les quatre tons authentiques des échelles RÉ, MI, FA et SOL, et les quatre tons plagaux correspondants, dont les *toniques* ou premières notes de la gamme sont LA, SI, UT, RÉ; et c'est d'après cette réduction que sont composés tous les chants d'église.

Voici les gammes de ces huit tons :

1er Ton authentique.

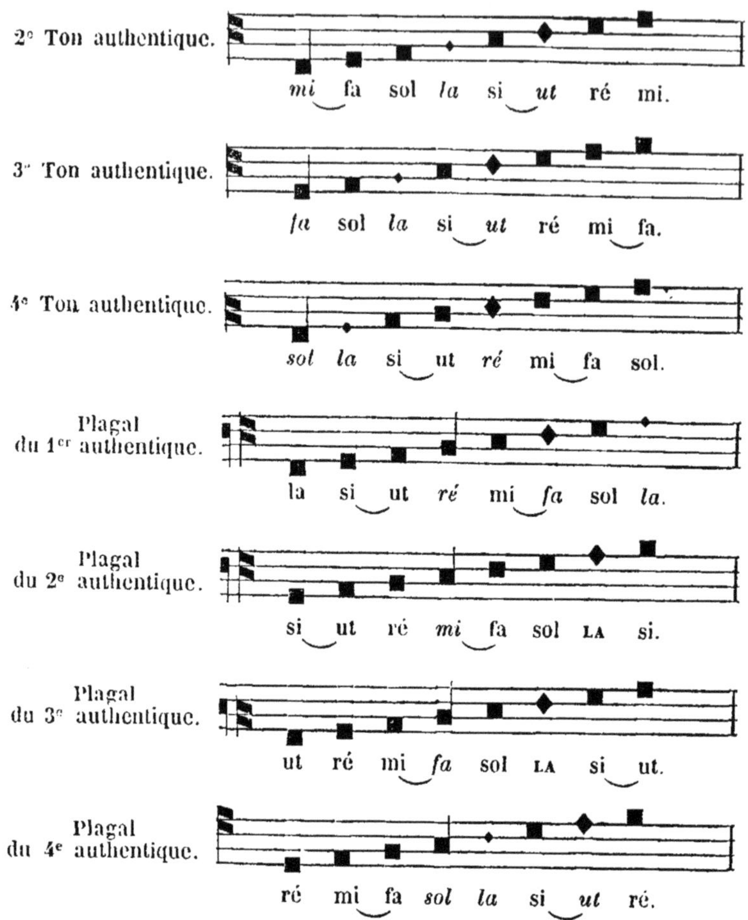

Dans la classification de ces huit tons, l'usage continua, de faire suivre chaque ton authentique, de son plagal correspondant, d'où il arrive que, dans la suite des huit tons, les 1, 3, 5, 7 sont respectivement les 1er, 2e, 3e et 4e authentiques, et les 2, 4, 6 et 8 respectivement les 1er, 2e, 3e et 4e plagaux.

Voici, dans un tableau, l'ordre des huit tons, avec leur nom respectif, y compris ceux que les Grecs leur avaient donnés, ou sans doute, plus sûrement, qu'ils avaient donnés à des gammes analogues, dont les noms ont été conservés par saint *Grégoire*, et ont passé par tradition jusqu'à nous.

1er Ton... de RÉ...	1er authentique...	mode Dorien.
2e Ton... de LA...	1er plagal........	mode Hypodorien.
3e Ton... de MI...	2e authentique...	mode Phrygien.
4e Ton... de SI....	2e plagal........	mode Hypophrygien.
5e Ton... de FA...	3e authentique...	mode Lydien.
6e Ton... de UT...	3e plagal........	mode Hypolydien.
7e Ton... de SOL..	4e authentique...	mode Mixolydien.
8e Ton... de RÉ...	4e plagal........	mode Hypomixolydien.

En jetant un coup d'œil sur les huit gammes précédentes, on s'aperçoit aussitôt, que chacune d'elles, soit à cause du plus ou du moins d'acuité de ses notes, soit surtout à cause de la diverse position des demi-tons, prend un caractère différent, qui la rend exclusivement propre à exprimer tel ou tel sentiment. Aussi, les Anciens, dit le cardinal *Bona*, avaient-ils comparé le 1er ton au Soleil, parce qu'il est grave et solennel; le 2e à la Lune, parce qu'il est triste et bas; le 3e à Mars, parce qu'il est véhément; le 4e à Mercure, parce qu'il est bon et harmonieux; le 5e à Jupiter, parce qu'il est vigoureux et joyeux; le 6e à Vénus, parce qu'il est doux et compatissant; le 7e à Saturne, parce qu'il dissipe la mélancolie et relève le courage; le 8e au Firmament, parce qu'il convient à toutes sortes d'objets. De même, les modernes ont prétendu donner à chacun une épithète caractéristique, qui peut guider dans le choix des modes et n'est pas sans fondement, au moins pour le 2e et pour le 5e. Ils disent donc : le premier, *grave;* le second, *triste;* le troisième, *mystique;* le quatrième, *harmonieux;* le cinquième, *joyeux;* le sixième, *dévot;* le septième, *angélique;* le huitième, *parfait.*

Quoiqu'il en soit, ce sont ces caractères différents, qui fournissent au chant grégorien, pour l'expression des divers sentiments, ce grand luxe de ressources qui est loin de se trouver dans les deux et uniques modes du système moderne.

En se servant de l'un ou de l'autre des huit tons, on fut bientôt amené, par goût, par l'empire de l'oreille, par la nécessité d'établir des règles fixes, puis par une habitude qui est devenue loi, à ne dépasser que dans des cas très-rares, soit en haut, soit en bas, l'octave qui compose le ton que l'on emploie; à attaquer plus fréquemment, que toute autre, une certaine note qui fut comme le point de départ des formes mélodiques; et enfin, à terminer, dans chaque ton, par une note invariable. La note de repos s'appelle *finale*; la note que l'on est convenu d'attaquer plus fréquemment, s'appelle *dominante;* un ton est ainsi toujours déterminé par les *limites* de son octave, sa *dominante* et sa *finale.*

Tous les modes impairs ou les quatre modes authentiques ont leur *dominante* à la *quinte* au-dessus de la *tonique* ou première note de la gamme, excepté le 3e, ou 2e authentique : *mi, fa, sol, la, si, ut, ré, mi,* qui l'a à la *sixte* de la finale, parce que la quinte est la note changeante, *si.* Dans les quatre gammes authentiques citées plus haut, ces dominantes, marquées par une *brève,* sont, en commençant par la première, *la, ut, ut, ré.*

Ces mêmes modes ont pour *finale* la première note de la gamme. Ces finales, marquées par une *note à queue* sont, en commençant par le premier mode, *ré, mi, fa, sol.*

Tous les modes pairs ou les quatre plagaux ont leur *dominante* à la tierce au-dessous de la *dominante* du correspondant authentique, excepté le 8e ton ou 4e plagal, *ré, mi, fa, sol, la, si, ut, ré,* qui l'a seulement à la seconde au-dessous, parce que la tierce est la note changeante, *si.* Dans les quatre gammes plagales citées aussi plus haut, ces dominantes, marquées par une *brève* sont, en commençant par la première, *fa, la, la, ut.*

Ces mêmes modes ont pour *finales* les mêmes notes que les authentiques correspondants. Elles sont marquées par une *note à queue*, et sont, en commençant par le premier plagal, *ré, mi, fa, sol.*

Pour donner une idée plus juste de l'étendue respective des huit tons du plain-chant, on s'est servi, dans les mêmes huit gammes, d'une note *très-brève* pour exprimer celle qui correspond au point de comparaison universellement admis, savoir : le LA grave donné par le diapason. Toutes les notes au-dessus ou au-dessous indiquent l'étendue de la gravité ou de l'acuité naturelle de la gamme [1]. Il est facile de voir ainsi que jamais, même avec le ton du diapason, on ne monte plus haut que le *sol,* dernière note supérieure de la voix de *ténor,* et que jamais on ne descend plus bas que le *la* octave en bas du *la* grave du diapason, que toutes les voix de basse atteignent facilement, puisqu'elles descendent au *sol* et même au *fa.*

Les deux tableaux suivants, vont présenter d'un même coup d'œil

---

[1] Il y a trois gammes où cette *très-brève* ne se trouve pas. C'est que la *brève* indique à la fois, la dominante et le *la* du diapason.

les noms, la suite, et les rapports des finales, des dominantes et des tons auxquels elles appartiennent.

		FINALES.	DOMINANTES			FINALES.	DOMINANTES
Authentiques.	1	ré	la	Les huit tons.	1	ré	la
	2	mi	ut		2	ré	fa
	3	fa	ut		3	mi	ut
	4	sol	ré		4	mi	la
Plagaux.	1	ré	fa		5	fa	ut
	2	mi	la		6	fa	la
	3	fa	la		7	sol	ré
	4	sol	ut		8	sol	ut

Il n'y a donc rien de si facile, en comprenant bien ce qui précède, que de pouvoir déterminer dans quel ton se trouve une pièce de plain-chant.

Il faut 1° considérer immédiatement la dernière note ou *finale* du morceau ; est-elle un *ré*, on est sûr d'être dans le premier ou deuxième ton, qui, tous deux, seuls et toujours, se terminent par un *ré*.

Est-elle un *mi*, on est sûr d'être dans le troisième ou quatrième ton, qui, tous deux, seuls et toujours, se terminent par un *mi*, et ainsi de suite pour les morceaux qui se terminent par un *fa* ou par un *sol*. Dans un *répons*, c'est la dernière note du *répons* et non du *verset* qui est la *finale*.

Il ne peut ainsi rester de doute qu'entre l'authentique et le plagal de la *finale ré*, l'*authentique* et le *plagal* de la *finale mi*.

Il faut donc 2° considérer, si les notes du morceau descendent au-dessous de la *finale*, et ne montent pas au-dessus de la *quinte*; s'il en est ainsi, on est dans le ton plagal, sinon, on est dans le ton authentique. Exemple : *ré* est la *finale*, mais les notes du morceau descendent au *si* ou au *la*, et ne montent pas au-dessus du *la* supérieur : on est dans le ton plagal de *ré*, qui est le deuxième ton. Si, au contraire, les notes ne descendent pas au-dessous de *ré* et montent jusque dans la quarte au-dessus de *sol*, on est dans l'authentique de *ré*, qui est le premier ton.

On peut aussi examiner quelle est la note *dominante*, ou note qui est le plus fréquemment attaquée; la connaissance de cette *dominante* et de la *finale* suffit toujours pour déterminer le ton. Exemple : *ré* est *finale*, *la* est *dominante*, c'est le premier ton, l'authentique de *ré*. Au contraire, *fa* est *dominante*, c'est le deuxième ton ou le plagal de *ré* : car je vois par les tables, et cela résulte des expositions précédentes, que c'est seulement au premier ton qu'on a *ré finale* et *la*, *dominante*, et seulement au deuxième qu'on a *ré finale* et *fa*, *dominante*.

Il est bon de prévenir, cependant, qu'on peut rencontrer quelquefois de légères difficultés.

En effet : il y a quelques pièces de plain-chant qui ne sont pas *parfaites* ou *régulières*, c'est-à-dire qui ne se renferment pas, en les atteignant, dans les limites naturelles de l'octave du ton.

On dit alors, qu'elles sont *imparfaites*, quand elles n'atteignent pas en haut ou en bas les limites de cette octave, exemple : toutes les pièces du quatrième ton, qui ne descendent jamais à la quarte au-dessous de la finale, mais s'arrêtent à la tierce, et la plupart de celles du septième, qui dépassent rarement la sixième au-dessus de la finale; qu'elles sont *surabondantes*, quand elles vont au-delà; exemple : le *Pange lingua;* et *mixtes* quand elles s'étendent en partie sur le ton *plagal*, en partie sur le ton *authentique*, exemple : le *Victimæ paschali*.

Il arrive aussi que certaines pièces, étant trop élevées pour les voix graves ou trop basses, pour les voix hautes, on est obligé de transposer le chant dans une échelle moyenne, mais identique à la première ou rendue telle. Nous reviendrons à cette transposition un peu plus loin. Dans tous les cas, un léger examen a bientôt fait disparaître toute difficulté.

Il résulte, de ces développements, qu'il n'y a aucun rapport entre les principes de la tonalité grégorienne et ceux de la musique moderne.

Il résulte que toute altération de notes par dièse et par bémol, altération sur laquelle repose le mécanisme de la musique moderne, est absolument, par nature, étrangère aux tons du plain-chant, et ne se tolère que par accident, et dans des circonstances que nous dirons bientôt.

Il résulte qu'il n'y a pas dans le plain-chant de tons mineurs ou majeurs, dans le même sens que dans la musique moderne; qu'à plus forte raison, il n'y a point de morceau dont on puisse dire : il est en *ré* mineur, en *fa* majeur, dans le même sens que dans la musique moderne. En parlant ainsi, on applique, à la dénomination des tons du plain-chant, des expressions qui n'ont de justesse que dans un système musical tout-à-fait différent.

Toutefois, les auteurs *modernes*, considérant que les deux premiers authentiques, et les deux premiers plagaux, avec le quatrième, ou, autrement, que les quatre premiers tons et le huitième ont un demi-ton dans leur première tierce, ce qui leur donne quelque ressemblance avec le mode mineur de la tonalité moderne, dans lequel le demi-ton se trouve de la deuxième note à la troisième, sont convenus de les appeler modes *mineurs*, et les trois autres, qui n'ont pas de demi-ton à leur première tierce, *modes majeurs*.

Il résulte, enfin, que ce serait un très-mauvais moyen, pour se disposer à chanter juste un morceau de plain-chant, dont on a reconnu le ton, que de prendre l'accord par les quatre notes : *tonique*, *tierce*, *quinte* et *octave*, comme dans la musique, car on serait forcé de diéser ou de bémoliser des notes de cet accord, ce qui ne se fait pas dans le plain-chant. Exemple : un morceau est du premier ton, c'est-à-dire module dans l'octave *ré*, *mi*, *fa*, *sol*, *la*, *si*, *ut*, *ré* ; si on prend *l'accord* de la même gamme musicale, le *fa* sera diésé, et, dans la suite du morceau, on fera naturellement *ut* dièse ; car ces deux notes sont diésées, dans la gamme majeure du ton *ré*, en musique.

CHAPITRE CINQUIÈME.

Théorie de l'introduction du bémol et du dièse dans les tons du Plain-chant.

D'après ce qui précède, on voit que l'emploi du bémol et du dièse est entièrement prohibé, si l'on ne considère que le système même du plain-chant.

Mais cette prohibition est-elle absolue? N'y a-t-il pas des cas, et quels sont-ils, où, par accident, le bémol et le dièse peuvent affecter certaines notes?

C'est ici une des questions les plus importantes et les plus difficiles.

C'est une des plus importantes, car il s'agit de la conservation intègre des mélodies qui nous ont été léguées par nos pères et les siècles pieux de l'antiquité chrétienne. Il s'agit de maintenir ou de renverser les barrières qui séparent, si heureusement, les mâles accents de la tonalité grégorienne d'avec le caractère de la tonalité moderne. Il s'agit donc d'une question de vie ou de mort pour l'œuvre de saint *Ambroise*, de saint *Grégoire*, de tant d'autres saints, et peut-être, avant eux, des Grecs et des Juifs.

C'est une question des plus difficiles, soit à cause de l'obscurité des textes et des notations anciennes, soit à cause de la diversité des sentiments des différents auteurs qui l'ont traitée, soit à cause du déplorable abus qui a été fait, dans les livres de chant, du bémol et du dièse, à dater du XVIe et du XVIIe siècle.

On doit se borner ici à énoncer les faits, et à en tirer les conclusions les plus probables.

Premier fait. — Des deux notes *si* et *fa*, séparées par un intervalle de *triton*, l'une ne peut se faire entendre quand le son de l'autre est encore dans l'oreille, sans qu'il n'en résulte une dissonnance désagréable [1].

---

[1] Il en serait de même pour toute autre relation de triton; mais celle-ci est la seule qui, *normalement*, se trouve dans le plain-chant.

Deuxième fait. — Il est certain, d'après l'examen des traités de chant que nous a laissés le moyen-âge [1], et d'après la lecture des anciens chants manuscrits, comme on en trouve à la bibliothèque de Reims, de Saint-Mihiel et dans beaucoup d'autres, ou même dans les éditions imprimées à Venise en 1579 : 1° que toutes les fois que, dans les mélodies du chant, se rencontrait *si* en dissonnance avec *fa*, on rétablissait la consonnance ou en écrivant un bémol devant le *si*, ou en chantant *si* bémol, lors même qu'il n'était pas écrit ; 2° que jamais, ailleurs, aucune autre note, voire même le *si*, ne recevait de bémol.

Troisième fait. — Il *paraît* certain 1° que, dans aucun traité ni dans aucun chant manuscrit ou imprimé avant le quinzième siècle, on ne trouve de dièse à aucune note et dans aucun ton ; 2° que c'est seulement à cette époque que, dans l'unique cas de relation dissonnante de *si* contre *fa*, au lieu de bémoliser le *si*, on le laissa naturel, et l'on éleva d'un demi-ton le *fa* par le signe particulier appelé dièse. C'est ce que l'on peut voir dans la prose *Lauda Sion* que l'on trouve cependant, dans des éditions de Paris, de Lyon et de Venise, sans aucun dièse.

En deux mots : La dissonnance du *si* contre *fa*, c'est la *seule* raison qui amenait des altérations accidentelles.

Il est certain que, dans ce cas, de tout temps, on a écrit ou chanté le *si* bémolisé avec le *fa* naturel, et très-probable que, postérieurement, le *si* demeurant naturel, on a écrit ou chanté *fa* dièse [2].

D'après cela, il n'est pas nécessaire de parler de l'opinion de ceux qui voudraient bannir absolument, et dans tous les cas, le bémol et le dièse, les regardant comme des signes tout-à-fait étrangers et d'introduction récente que nos oreilles trop efféminées doivent, disent-ils, s'habituer à ne plus entendre. Les faits sont là qui paraissent les réfuter suffisamment.

Il n'est pas plus nécessaire de s'arrêter à l'opinion de ceux qui, sans aucun égard pour l'antiquité, ont semé tant de livres de chant de dièses et de bémols. Les mêmes faits prouvent assez (et il est

---

[1] *De Scriptoribus musicæ sacræ*, III vol. in-4°, etc.

[2] Voyez les vrais principes du chant grégorien, par l'abbé *Janssen*, et plusieurs articles de M. *Fétis*, publiés dans les numéros de la *Revue* de Musique religieuse dirigée par M. *Danjou*.

impossible d'être plus tolérant) qu'ils ont montré un zèle bien irrévérencieux à l'égard des traditions de leurs pères.

Mais, entre ces deux extrêmes, les mêmes faits laissent encore lieu au développement de plusieurs opinions.

Ou il s'agit du plain-chant à l'unisson, ou du plain-chant avec accompagnement d'orgue.

Suivant les *uns*, s'il s'agit du plain-chant à l'unisson :

1° On emploiera le bémol au *si, accidentellement*, toutes les fois qu'il sera en dissonnance contre *fa*, sans distinction de tons, et on ne l'emploiera que là [1].

2° Le dièse ne sera *jamais* employé ni pour éviter la relation de triton, ce qu'on peut faire et qu'on faisait en bémolisant le *si*, ni, à plus forte raison, aux notes qui, dans plusieurs livres de chant, sont immédiatement au-dessous de la finale, principalement aux tons premier, deuxième, septième et huitième.

S'il s'agit du plain-chant avec accompagnement d'orgue, toujours l'accessoire se pliera aux allures du principal, c'est-à-dire que partout, même aux cadences finales des premier, deuxième, septième et huitième tons, le plain-chant ne dérogera en rien à ses règles, ne recevra pas de dièse sur l'avant-dernière note de la tonique, pour faire sentir la note sensible de l'accord ; mais l'orgue, dans tous les cas, même à ces cadences finales, disposera son harmonie de manière à se passer de la note sensible.

Suivant les *autres*, s'il s'agit du plain-chant à l'unisson :

1° L'emploi du bémol sera réglé comme précédemment.

2° Le dièse, au lieu d'être complètement prohibé, sera admis accidentellement au *fa*, dans ses dissonnances contre *si*, dans le cas où la mélodie exigera un *si* naturel comme au *Lauda Sion ;* mais il ne sera admis que là.

S'il s'agit du plain-chant avec accompagnement d'orgue ; l'avant-dernière note d'une cadence finale, mais celle-là seulement, si elle

---

[1] C'est pour cette raison qu'il y a un bémol à la plupart des *si* du premier, du troisième, du huitième et surtout du cinquième ton ; mais il doit être toujours accidentel, jamais à la clef ; cependant, quand ce bémol doit se trouver à tous les *si* d'une pièce, il est plus simple de le mettre une seule fois à la clef, pourvu que l'on prévienne, une fois pour toutes, qu'alors c'est pour éviter une répétition accidentelle fastidieuse. Au reste, quand on s'abstiendrait partout, même accidentellement, de noter ce bémol, un chantre tant soit peu habile y suppléerait toujours avec facilité.

est immédiatement inférieure à la note finale elle-même, comme aux premier, deuxième, septième et huitième tons, recevra un dièse, exemple :

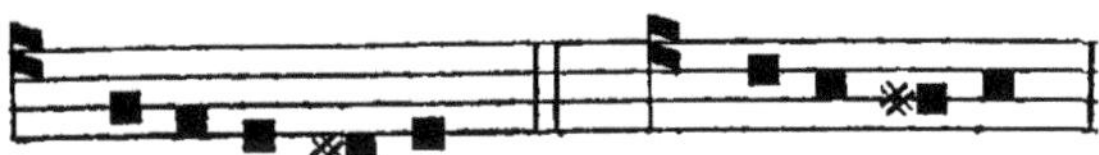

Ces deux opinions, comme on le voit, se partagent sur des choses qui paraissent assez légères.

Si, maintenant, l'on se reporte au principe qui sert de raison à l'altération accidentelle d'une note, principe qu'il ne faut jamais perdre de vue dans la discussion présente, et si, en même temps, on examine avec soin les deux opinions, on pourra peut-être justement :

1° Admettre, avec les deux, l'altération du *si* par le bémol, comme il a été dit.

2° Admettre avec la deuxième, contrairement à la première, qu'à la rigueur on peut altérer le *fa* par un dièse, mais uniquement dans le cas où il est en dissonnance avec *si*, et où la mélodie exige celui-ci naturel; car ce n'est qu'une application d'un principe certain, application qui a été faite depuis plusieurs siècles, et peut-être, quoiqu'on n'ait pas de preuves certaines, en usage au moins dans la pratique, simultanément avec l'emploi du bémol. Quand il y a dissonnance de *fa* contre *si*, il faut raccourcir l'intervalle; d'un demi-ton : avec le bémol, on le raccourcit par le haut; avec le dièse, c'est par le bas. Dans tous les cas, on n'altère en rien la tonalité propre du plain-chant; on risque seulement de faire une application, qui peut-être n'a pas été faite dans l'origine, mais qui sort simplement et comme nécessairement des principes admis.

3° Admettre avec la première, contrairement à la deuxième, que jamais, avec accompagnement d'orgue, on ne doit altérer la dernière note des cadences finales. C'est une altération qui se répète assez souvent pour établir une confusion fâcheuse entre le plain-chant et la tonalité moderne; elle est complètement étrangère à la tonalité propre du plain-chant, en dehors du principe qui fait tolérer l'altération de quelques notes. C'est donc une idée nouvelle, mise dans un système qu'il faut par-dessus tout respecter et conserver intact. On s'en est bien passé, d'ailleurs, jusqu'au XVe siècle et même plus tard ; qui empêche de s'en passer encore [1]. Cependant, de graves auteurs, entre autres **M.** ***Fétis***, le savant directeur du Conservatoire de Bruxelles, et il faut en convenir, appuyés sur de graves autorités, embrassent un parti contraire. Des recherches ultérieures éclaireront sans doute cette question importante, et détermineront d'une manière plus certaine ce qu'il convient de faire maintenant, par la considération de ce que l'on faisait autrefois.

---

[1] Pour donner une idée de l'étonnante facilité avec laquelle on s'est affranchi de ces règles traditionnelles, et l'on a mêlé le système moderne avec le vrai système ecclésiastique, il sera, sans doute, utile de citer quelques exemples. Ils sont tirés du *Livre de chant pour les Messes et les Processions du matin, à l'usage du diocèse de Nancy,* édition in-4°, 1823.

Si, dans ce livre, on se donne la peine d'examiner les hymnes et les proses, on en comptera en tout *quatre-vingts*.

Dans ce nombre, *deux* ont tous les *fa* dièses et sont en *sol* majeur de la musique moderne; *deux* ont *si* et *mi* bémols à la clef, *fa* dièse dans le cours du morceau, et passent ainsi au *sol* mineur; *dix-huit* ont le *si* bémol à la clef, partout *ut* dièse, et sont ainsi en *ré* mineur; *trois* ont *si* bémol à la clef, partout *ut* et *sol* dièses, et se rapprochent ainsi de *la* majeur, quand le *si* est bécarré, comme cela arrive presque toujours; *trente* ont le *si* bémol à la clef, et sont ainsi *fa* en majeur. Parmi ces *trente*, il y en a un certain nombre où le bémol est autorisé par la relation de triton; il y en a d'autres, où il ne paraît avoir été fait aucune attention à cette relation; *onze* ont *sol* dièse. Enfin, *dix-sept* seulement sont sans aucune altération; et parmi celles-ci, il faut comprendre le *Lauda Sion*, parce que le *dièse*, qui se trouve au *fa* des terminaisons, est pour éviter le triton avec le *si* naturel qui précède. Il est remarquable qu'il y ait treize hymnes, et seulement quatre proses sans altérations.

On peut en dire autant de presque tous les *Kyrie*, des *Gloria* et même des *Credo*, qui sont en *sol* majeur avec *fa* dièse, ou en *ré* mineur avec *si* bémol et *ut* dièse, ou en *ré* majeur avec *fa* et *ut* dièses.

On voit ainsi que c'est une substitution perpétuelle de la tonalité moderne à la tonalité du vrai plain-chant.

CHAPITRE SIXIÈME.

Moyens pour chanter les tons du Plain-chant d'une manière accessible à tous les genres de voix.

Si l'on reporte son attention sur les quatre diapasons des voix, on remarquera bientôt qu'il y a une octave, ou étendue de huit notes, qui peut être simultanément parcourue, sans trop de gêne, par chacune des quatre voix ; c'est l'octave *ut, ré, mi, fa, sol, la**, *si, ut*, comprise entre les notes à queue, qui en sont les deux notes extrêmes, *la* avec une étoile étant le grave du diapason ; seulement les deux voix de *contralto* et de *soprano* la monteront à l'octave.

Prendre une somme de huit notes, dont quelques-unes monteront plus haut ou descendront plus bas, c'est donc rendre impossible à la *basse* et au *contralto*, l'émission de celles qui montent au-dessus de l'*ut* en haut, et impossible au *ténor* et au *soprano*, l'émission de celles qui descendent au-dessous de l'*ut* en bas : et encore suppose-t-on que chacune des voix peut émettre les douze notes de son étendue normale, ce qui est rare.

Si l'on compare ensuite ces mêmes quatre diapasons avec les quatre tons authentiques et avec le quatrième plagal, on remarquera que ceux-là renferment respectivement au-dessus de l'*ut* : le premier une note, le deuxième deux notes, le troisième trois notes, et le quatrième quatre notes, qui sont hors de la portée ou étendue des voix de *basse* et de *contralto;* que le quatrième plagal en renferme une; et qu'ainsi ces deux voix, ou ne pourront pas, ou ne pourront qu'avec la voix de tête chanter dans ces tons qui sont les premier, troisième, cinquième, septième et huitième.

De même, on remarquera que les deux premiers plagaux, qui sont les deuxième et quatrième, renferment respectivement : le deuxième deux notes, et le quatrième une note hors de la portée ou étendue ordinaire de la voix de *ténor* et de la voix de *soprano;* ces deux voix, dans ces tons, ne pourront donc pas du tout se faire entendre, car il n'y a pas ici de voix de tête, puisque c'est en descendant.

Cependant, dans le plain-chant, tous doivent pouvoir chanter, tous doivent pouvoir, sans trop se gêner, unir leur voix à la voix commune pour célébrer les louanges de leur Dieu. De partout, mais de là principalement, doit être banni le monopole.

Il est donc impossible de prendre pour point de départ le *la* du diapason et de donner, d'après lui, leur valeur réelle aux notes qui sont au-dessus ou au-dessous.

Par ce moyen, ce ne serait que dans le sixième ton que le chant serait abordable à la voix commune.

Est née de là une grave difficulté, qui a été résolue de deux manières :

1° Par transposition *réelle* des tons.

2° Par transposition *feinte.*

Ceci étant indispensable à connaître pour la pratique du chant, il est nécessaire d'y consacrer quelques détails.

Soient les quatre gammes A, B, C, D, représentant les premier, deuxième, cinquième et sixième tons dans lesquels se fait le plus souvent la transposition réelle, et les seuls que l'on trouve transposés dans les livres de chant [1].

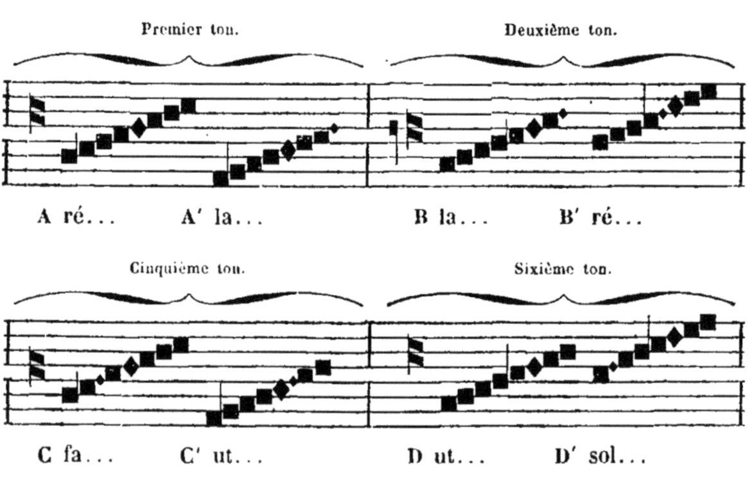

[1] Comme précédemment, la note à queue est la *finale;* la *brève* est la *dominante;* la *petite brève* le *la* grave du diapason. Si ce *la* et la dominante se rencontrent sur la même, il y a seulement une brève.

Si, en conservant exactement la même place respective des notes *finales* et des *dominantes*, on écrit les quatre gammes nouvelles A′ B′ C′ D′.

On remarquera 1° que la gamme A′ est exactement la même, note pour note, que la gamme *ré* A, et que la gamme *la* B du deuxième ton.

Donc, un morceau qui est en *ré* (premier ton), peut être écrit et chanté dans l'échelle *la* (deuxième ton), pourvu que l'on *dièse* le *fa*, qui rétablit le demi-ton de la sixième à la septième note ; dans la pratique, le *fa* ne doit pas être dièse, car le *si* de la gamme de *ré* est presque toujours bémolisé, et les deux gammes sont analogues avec *fa* naturel. Par cette transposition, c'est le *la* qui est finale, et le *mi* qui est dominante. Comme ces deux notes ne sont caractéristiques d'aucun des huit tons, il sera toujours très-facile de reconnaître le premier ton transposé en *la*.

On remarquera 2° que la gamme B′, qui est une quarte plus élevée que B, est exactement la même que B, et que la gamme du septième ton *sol*, si on met la quarte au-dessous. Donc, on peut transposer tout morceau qui est en *la* (deuxième ton), en *sol* (septième ton), avec la quarte au-dessous, pourvu que l'on mette un *bémol* au *si*, qui rétablit le demi-ton de la cinquième à la sixième note. Par cette transposition, c'est le *sol* qui est *finale*, et le *si bémol* qui est *dominante*.

Comme ces deux notes ne sont caractéristiques d'aucun des huit tons, ni du premier transposé, il sera toujours très-facile de le reconnaître.

On raisonne de la même manière sur le cinquième ton, qui se transpose une quarte plus bas dans l'échelle de *ut*, et qui alors a pour finale *ut*, et pour dominante *sol*, avec *fa* dièse ; et sur le sixième ton qui se transpose dans l'échelle de *ut* avec la quarte au-dessous, *ut* devenant finale, *mi* dominante et *fa* dièse.

Le troisième ton peut se transposer à la quarte au-dessus de la finale. Il devient :

Sa finale est *la*, sa dominante *fa*, et *si* reçoit un bémol pour rétablir le demi-ton de la première note à la deuxième.

Le quatrième ton peut se transposer aussi à la quarte au-dessus de la finale. Il devient :

Sa finale est *la*, sa dominante *ré*, et *si* reçoit un bémol pour rétablir le demi-ton de la quatrième note à la cinquième.

Le septième ton peut se transposer une quinte au-dessous de la finale. Il devient :

Sa finale est *ut*, sa dominante *sol*, et *si* reçoit un bémol pour rétablir le demi-ton de la sixième note à la septième.

Enfin, le huitième ton peut se transposer à la quinte au-dessous de la finale. Il devient :

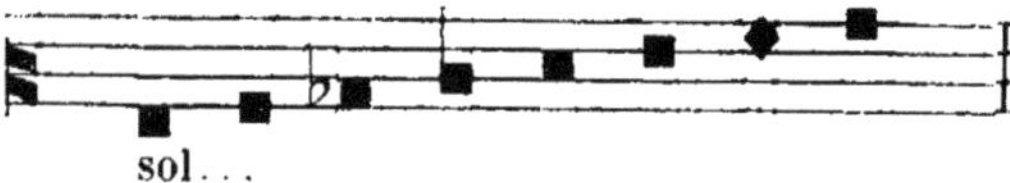

Sa finale est *ut,* sa dominante *la*, et le *si* reçoit un bémol pour rétablir le demi-ton de la deuxième à la troisième note.

En réalité, dans les livres de chant, on ne trouve jamais transposés les troisième, quatrième, septième et huitième ; et, dans quelques auteurs, les premier, deuxième, cinquième et sixième transposés ayant des finales et des dominantes particulières, sont respectivement appelés : *neuvième, dixième, onzième*, et *douzième* modes.

On voit par ces transpositions, qui peuvent être faites théoriquement de diverses autres manières, qu'il y a un moyen d'accommoder les tons à l'étendue naturelle des quatre voix ; ou, à volonté de les baisser ou de les hausser, pour les rendre plus propres à l'une d'elles, suivant le besoin des circonstances.

Mais on voit, en même temps, qu'il faut beaucoup d'habileté de la part du chantre, pour faire, en chantant, cette transposition, si elle n'est faite sur le livre ; et que, si elle l'est, elle entraîne une certaine difficulté pour la reconnaissance des modes, et amène souvent le placement de bémols ou de dièses qui, par nature, sont étrangers à la tonalité du plain-chant.

Il y a un second moyen plus facile, que nous avons appelé transposition *feinte*, et qui n'exige de la part de celui qui entonne, qu'un diapason et la connaissance du mécanisme suivant :

S'il s'agit des psaumes, après avoir pris le *la* du diapason, donnez-en la valeur à la note de la *teneur* du psaume qui est indiquée par *donec ponam*, et qui est toujours la *dominante* du ton, et donnez aux autres notes une valeur correspondante.

D'après cela, les premier, quatrième et sixième tons seront entonnés comme le diapason, car leur *dominante* est LA.

Le deuxième sera haussé d'une tierce, car sa dominante est FA; le troisième, baissé d'une tierce, car sa dominante est UT; le cinquième, baissé d'une tierce, car sa dominante est UT; le septième, baissé d'une quarte, car sa dominante est RÉ; enfin, le huitième, baissé d'une tierce, car sa dominante est UT.

Il est évident, par là, que les psaumes seront toujours chantés de la manière la plus propre pour que tous puissent apporter le tribut de leur voix, car, toutes les voix peuvent, sans effort, prendre le LA et moduler au-dessus ou au-dessous. Autrement, un plus ou moins grand nombre de fidèles sera plus ou moins forcé au silence; et outre le désavantage spirituel qui en résultera, le chant lui-même ne pourra qu'en souffrir gravement.

S'il s'agit des autres pièces de plain-chant, comme il est extrêmement rare qu'un morceau quelconque dépasse en haut ou en bas l'octave qui constitue le ton dans lequel il est écrit, on pourra employer le même moyen que pour les psaumes, c'est-à-dire, après s'être préalablement assuré du ton du morceau, donner à sa dominante le ton du *la* du diapason, et ainsi chanter, comme le diapason, les premier, quatrième et sixième tons, et porter à ce ton les dominantes *fa, ré, ut* des cinq autres tons. C'est le moyen qui est conseillé par l'abbé *Poisson*, dans son *Traité de Plain-chant*, page 405, et admis par la plupart de ceux qui ont un peu étudié la pratique du chant.

Toutefois, même avec ce moyen, il est facile de s'apercevoir que les premier, cinquième et septième tons montent trop haut d'une note, et les quatrième et huitième descendent trop bas aussi d'une note. D'ailleurs, suivant plusieurs maîtres, le ton du *la* du diapason est même un peu trop élevé pour le ton général des *dominantes*, et, suivant eux, il serait mieux d'établir ce ton général sur le *sol* qui vient immédiatement au-dessous du *la*. L'essai et les circonstances décident.

C'est pourquoi il serait peut-être, plus simple et plus général de dire : Après avoir reconnu le ton du morceau, portez-en la quinte, quelle elle soit, à la hauteur du *sol* qui suit en descendant immédiatement le *la* du diapason ; et, dans tous les cas, réglez les autres notes d'après cette quinte.

Si l'on a un morceau qui dépasse de beaucoup l'octave ordinaire, comme le *Lauda Sion* qui a douze notes d'étendue, il faut se disposer avec le diapason, pour laisser la moitié des notes qui dépassent l'octave, au-dessous de l'*ut* grave, et la moitié au-dessus de l'*ut* aigu.

CHAPITRE SEPTIÈME.

Psalmodie.

La psalmodie, c'est, dans l'Eglise catholique, une manière particulière de chanter les psaumes et les cantiques.

Les psaumes et les cantiques sont divisés en *versets*, et chacun des *versets* en deux parties, entre lesquelles il y a un repos marqué par une étoile ou *astérique* de cette forme : (*)

On distingue quatre différentes psalmodies : 1° celle du psaume de l'*Introït ;* 2° celle des psaumes pour les dimanches et pour les fêtes semi-doubles et au-dessus ; 3° celle des psaumes pour l'office simple, pour celui des féries, des morts et des trois jours avant *Pâques ;* 4° celle des trois cantiques, *Magnificat*, *Benedictus* et *Nunc dimittis.*

Dans toutes ces psalmodies, il faut distinguer quatre choses : l'*intonation*, ou manière de commencer le psaume après l'Antienne ; la *teneur* ou *dominante*, ou manière de chanter depuis l'intonation jusqu'à la *médiation*, et depuis celle-ci jusqu'à la terminaison ; la *médiation*, ou manière de faire le premier repos, immédiatement avant *l'astérique ;* enfin, la *terminaison*, ou manière de terminer les versets ; exemple :

Les règles de la psalmodie reposant essentiellement sur les règles de *l'accentuation*, il convient de commencer par celles-ci et de continuer par celles-là. On ajoutera les moyens d'usage pour l'imposition des Antiennes avant les psaumes.

§ Ier. *Accentuation.*

Dans tous les mots d'une langue, il y a des syllabes sur lesquelles la voix s'élève en appuyant, et d'autres où elle s'abaisse en glissant légèrement.

Dans les langues anciennes, ces syllabes étaient marquées d'un signe particulier appelé accent tonique (qui marque le ton), pour qu'on le distinguât des autres accents grammaticaux, et que l'on ne confondît pas les syllabes qu'il affecte avec les syllabes que, suivant les rhythmes de la poésie, l'on appelait et l'on faisait longues ou brèves.

Le peuple romain était tellement habitué à la prononciation accentuée de sa langue, que *Cicéron* dit, dans l'*Orateur*, qu'on ne pouvait faire une syllabe un peu plus ou un peu moins accentuée qu'il ne fallait, dans les vers d'une comédie, que tout le peuple ne s'élevât aussitôt contre cette mauvaise prononciation.

De nos jours, c'est une chose très-commune que la prononciation non accentuée du latin ; cela vient, sans doute, de l'éducation première, durant laquelle nous avons appris les règles de la versification, que nous confondons ensuite avec les règles de la prononciation par l'accent tonique[1].

Voici donc, d'après les meilleurs auteurs[2], les règles abrégées du placement de l'accent tonique, et, par suite, de la prononciation accentuée du latin.

Règles générales.

1° L'accent tonique est un accent aigu de cette forme (´), qui se place au-dessus de la syllabe qu'il affecte.

---

[1] M. *Noël*, inspecteur de l'Université, après avoir exposé les règles de la *versification*, dans la préface de son GRADUS AD PARNASSUM, recommande aux jeunes gens de prononcer le latin d'après ces règles. Il commet une grave erreur.

[2] Voyez surtout *Jumilhac*

2° On doit faire sentir, par une *élévation* allongée de la voix, toute syllabe qui a, ou est censé avoir l'accent tonique.

3° L'accent tonique ne se met *jamais* que sur *l'une* des trois dernières syllabes des mots.

4° Jamais on ne met de suite deux accents toniques.

5° Toutes les syllabes non accentuées ou censées telles, doivent être prononcées *communes*, ou plutôt *brèves* ou *longues*, suivant que, *prosodiquement*, elles sont ainsi, mais sans *aucune* élévation de la voix.

Règles particulières.

1° L'accent tonique se met sur tous les mots d'une seule syllabe non voisins d'une syllabe accentuée; exemple : *Dóminus spés eórum*, *spes* avec accent; et *Dóminus spes méa, spes* sans accent.

2° Les monosyllabes qui se rapportent au mot précédent, comme : *me, te, se, nos, vos*, etc., sont censés ne faire qu'un avec le mot auquel ils sont joints et font toujours rétrograder l'accent tonique jusqu'à l'antépénultième; exemple [1] : *ánte-te, advérsum-me, fácta sunt.*

3° Les monosyllabes enclitiques : *que, ve, ne* dubitatif, font mettre l'accent sur la syllabe qui les précède immédiatement; exemple [1] : *armáque, pluít-ne, altér-ve;* et, au contraire : *útique, dénique, hæccine.*

4° Deux monosyllabes de suite sont regardés comme mot de deux syllabes et reçoivent l'accent, d'après ce qui suit, sur la première; exemple : *ín te, dé te;* s'il y a plusieurs monosyllabes de suite, le sens indique ceux qu'on doit unir; exemple : *quod ín-te est*, les autres devenant longs ou brefs, suivant leur position.

5° L'accent tonique se met sur toutes les premières syllabes des mots qui en ont deux; exemple : *Róma, páter, hómo, móri, déus, éa, méus.*

6° L'accent tonique se met sur la troisième syllabe des mots qui en ont trois, quand, prosodiquement, la deuxième est brève, et sur celle-ci, si, prosodiquement, elle est longue; exemple : *Dóminus, últimus, máximus, mártyris, paréntes, románo.*

---

[1] Il peut y avoir bien des variantes dans l'assignation de ces mots. On s'accorde généralement à ne regarder comme tels, que les monosyllabes *liés* à un adverbe, une conjonction, ou une préposition, et ceux tirés du verbe *esse*, dans la conjugaison des verbes passifs, déponents, ou autres.

7° Dans les mots de plus de trois syllabes, on ne considère jamais que les trois dernières qui suivent alors la règle sixième, celles qui précèdent se prononçant d'après la règle cinquième générale; exemple : *misericórdia éjus ; amávit amavérunt.*

Exceptions.

1° Les verbes composés reçoivent de préférence l'accent tonique comme le verbe simple ; exemple : *calefácit* et non *caléfacit, calefis* et non *cálefis.*

2° Les mots composés, au contraire, le reçoivent de préférence sur l'antépénultième ; exemple : *orbis-terræ, cónsultus.*

3° Il en est de même pour un grand nombre de particules ; exemple : *próindè, éxindè,* pourvu que la dernière syllabe ne soit pas longue par nature ; exemple : *deínceps,* et non *déinceps.*

4° Les mots indéclinables le reçoivent sur la dernière syllabe; exemple : *Eloí, Sabaóth, Israél.* Cependant, plusieurs sont exceptés par l'usage. On écrit : *Elísabeth, Melchísedech, Móyses, Sámuel, Síloë, Samária, Sálomon, Allelúia ;* le mot *Jesús,* quoique déclinable, le reçoit toujours sur la dernière syllabe : *Jesúm, Jesú.*

La facilité de ces règles a fait que, dans beaucoup de livres de chant, on ne marque que dans quelques cas l'accent tonique.

Dans notre diocèse il ne l'est jamais, au moins dans le *Missel,* imprimé en 1842, sur les monosyllabes, ni sur les mots de deux syllabes, il l'est seulement dans les mots de trois ou de plus sur les pénultièmes longues, quoique non diphtongues, ou non suivies de deux consonnes; exemple : *parentes, meus, Deus,* sans accent, et *gaudére, fuérunt,* avec accent[1].

Les règles qui précèdent méritent d'autant plus d'attention, qu'elles sont les bases de la psalmodie, comme on va le voir; qu'elles doivent être celles de la prononciation; et que c'est seulement à elles que se sont astreints, pour la composition, les symphoniastes de tous les temps, excepté, toutefois, dans les chants rhythmiques comme les proses et les hymnes où l'on suit la *quantité poétique.*

---

[1] Voyez MONITUM, page XXVI.

§ II. *Psalmodie de l'Introït.*

L'usage est maintenant dans l'Eglise de ne chanter qu'un seul verset, qui est suivi immédiatement du *Gloria* et du *Sicut erat.*

Cette psalmodie, bien plus solennelle que toutes les autres, est différente pour chacun des huit tons, et toujours dans le même ton que l'Introït qu'elle suit.

Comme cette psalmodie se trouve notée complètement dans tous les livres de chant, à la fin de chaque Introït, il suffit de faire remarquer que les paroles : *Gloria Patri et Filio et Spiritui sancto*, se chantent comme la première partie du verset du psaume, et le reste comme la deuxième partie. Seulement, on fait sur les mots : *et nunc et semper*, la même médiation que dans le verset, et l'on applique le reste *et in sæcula sæculorum, Amen*, sur la modulation de la deuxième partie du verset, comme il suit :

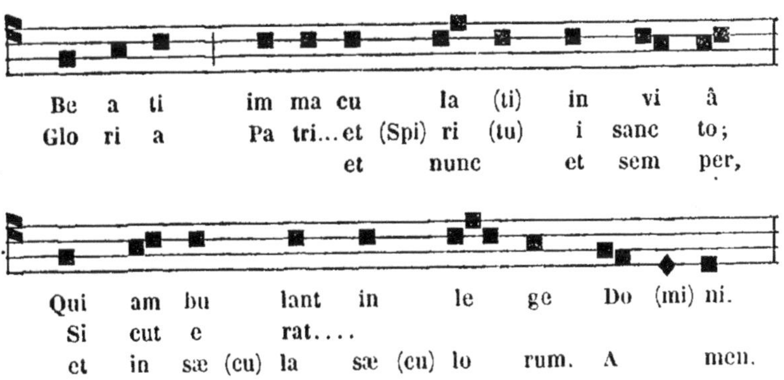

§ III. *Psalmodie pour les dimanches, les fêtes semi-doubles et au-dessus.*

I. *Intonation.*

L'intonation n'a lieu qu'au premier verset du psaume; le chœur reprend les autres versets à la dominante.

Parmi les intonations, trois, celles du deuxième ton d, du cinquième et du huitième, ont deux notes sur l'une de leurs syllabes; les autres ont une note pour chaque syllabe ; les premières s'appellent intonations *liées*, les secondes, intonations *non liées*.

Dans les intonations *non liées*, on ne fait aucune attention à l'accent ni à la longueur des syllabes; mais toute syllabe compte.

Dans les intonations *liées*, les brèves prosodiquement ne comptent pas lorsqu'elles tombent sur la liaison qui se fait alors sur la syllabe suivante. Mais si celle-ci était brève, la liaison resterait sur la précédente; exemples :

II. *Médiation.*

On peut distinguer deux espèces de médiations :

1° Celles de deux syllabes, qui se trouvent dans le diocèse de Nancy aux tons premier, deuxième, cinquième, sixième f et huitième.

2° Celles de quatre syllabes, qui se trouvent aux tons premier irrégulier, deuxième d, troisième, quatrième, sixième et septième.

1° *Règles pour les médiations de deux syllabes.*

Règle générale. — Faites la déviation sur le dernier accent tonique de la première partie du verset; exemple :

Mais deux difficultés surgissent, car, ou le dernier accent tonique sera sur la dernière syllabe, et il n'y en aura pas assez pour faire la médiation : ou il sera reculé de plus de deux, et il y en aura trop.

Le *premier* cas se présente quand la dernière syllabe est un monosyllabe *accentué*, ou un nom propre indéclinable [1]. Alors, on fait sentir l'accent en relevant d'une note la dernière syllabe aux tons deuxième, cinquième et huitième, et, ce qui produit le même effet, en baissant d'une note la pénultième aux tons premier et sixième f; on ne *compte* pas, toujours pour mieux faire sentir l'accent, la syllabe brève ou la dernière d'un polysyllabe qui précède immédiatement la syllabe terminale, mais on la joint à celle-ci en la chantant sur le même ton ; exemple :

L'examen des règles traditionnelles prouve qu'en Psalmodie, on n'admet comme syllabe brève que celle qui, l'étant de sa nature, est pénultième d'un mot de plus de deux syllabes.

Les mêmes règles prouvent que ce qui vient d'être dit sur *l'élision* de la pénultième *brève* ou *dernière* d'un polysyllabe, en entendant par ce mot deux monosyllabes dont le premier est accentué, et son *adjonction* à la syllabe suivante, est une règle générale qui ne souffre d'exception que dans les médiations *tronquées*, dont on va parler.

Cependant, dans quelques livres, on compte la pénultième syllabe; l'effet est le même pour l'accent, mais moins régulier. On le voit ici aux tons cinquième et sixième.

Le *second* cas se présente quand la pénultième est une brève. Alors, on fait la déviation sur l'antépénultième, sans compter la

---

[1] On dirait plus justement, un des noms propres indéclinables qui reçoivent l'accent tonique sur la dernière syllabe.

brève qui se chante régulièrement ici, et dans les cas semblables, comme il a été dit, sur le même ton que la syllabe suivante; exemple :

Cependant, dans le diocèse de Nancy, l'usage est de faire compter cette brève aux tons premier et sixième f, comme il suit :

2° *Règles pour les médiations de quatre syllabes.*

Règle générale. — Faites la première note de la déviation sur l'avant-dernier accent tonique de la première partie du verset; exemple :

Mais deux difficultés surgissent comme précédemment; car, la médiation ne demandant que quatre syllabes pour ses quatre notes, ou l'avant-dernier accent tonique ne sera reculé que de trois syllabes, et il n'y aura pas assez de celles-ci pour la médiation, ou il sera reculé de plus de quatre, et il y en aura trop.

Le *premier cas* peut se présenter quand la dernière syllabe est un monosyllabe *accentué;* exemple : *portábunt té;* ou un nom propre indéclinable; exemple : *Sicut móns Sión.*

Une rigoureuse analogie conduirait à poser la règle suivante, d'après la règle générale et la position de l'accent sur la dernière syllabe : supprimez toujours la seconde note de la médiation; supprimez-en même deux au sixième F, et au lieu de descendre la dernière, relevez-la au premier irrégulier et au sixième ; exemples :

On appelle ces terminaisons *tronquées.*

Toutefois, il est autorisé par l'usage dans quelques endroits, et approuvé par quelques méthodes, de ne pas relever ainsi la dernière syllabe aux tons premier et sixième, ou de la relever à volonté ce qui paraît plus logique, et de commencer la déviation au troisième accent; mais alors il faut observer la règle qui sera posée au *second cas*, pour la distribution des syllabes brèves, monosyllabes ou dernières d'un mot ; exemples :

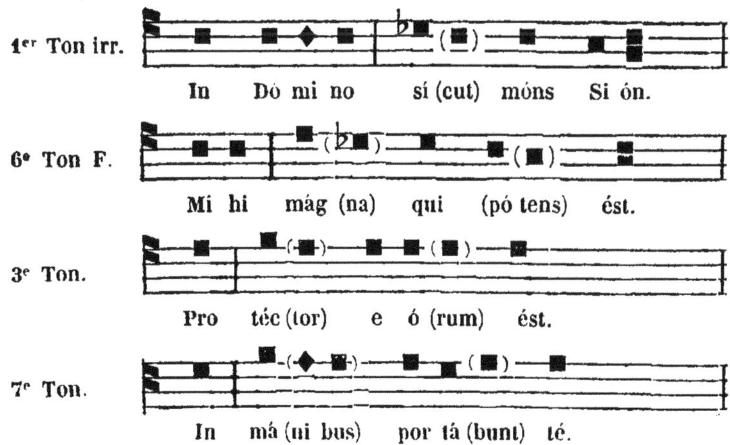

S'il arrivait qu'avec un monosyllabe accentué ou un mot indéclinable, on eût assez de syllabes en prenant au deuxième accent, on y prendrait, en relevant la dernière syllabe, au premier irrégulier et au sixième ; exemple :

1er Ton irr.

Dó mi nus Dé us Is (ra) él.

6e Ton.

Hæ re di tá tis sú (æ) Je ru (sa) lém.

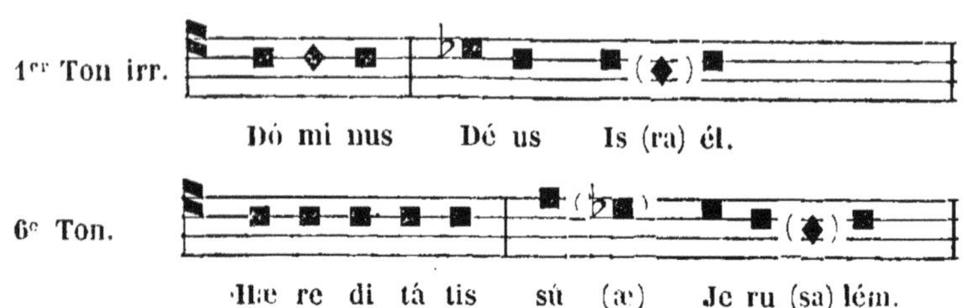

Dans quelques livres, on ne trouve pas la dernière syllabe relevée.

Le deuxième cas, comme on vient déjà de le voir, se présente presque partout, à raison des syllabes brèves ou autres qui ne peuvent recevoir l'accent. Mais, alors, on ne peut éprouver aucun embarras, si l'on se rappelle que la première note de la médiation doit se faire sur l'avant-dernier accent tonique, et, par conséquent, jamais sur une syllabe non accentuée, ni sur la dernière d'un mot, ni ordinairement sur un monosyllabe; et si, de plus, on observe cette règle :

Toute syllabe brève de sa nature, ou dernière d'un mot, ou monosyllabe non accentué, ne peut jamais servir pour l'avant-dernière note des quatre de la médiation, ne compte pour aucune des autres, si, d'ailleurs, il y a assez de syllabes longues pour compléter ces quatre, et se chante sur le même ton que la première syllabe longue suivante ; exemple :

5e Ton.

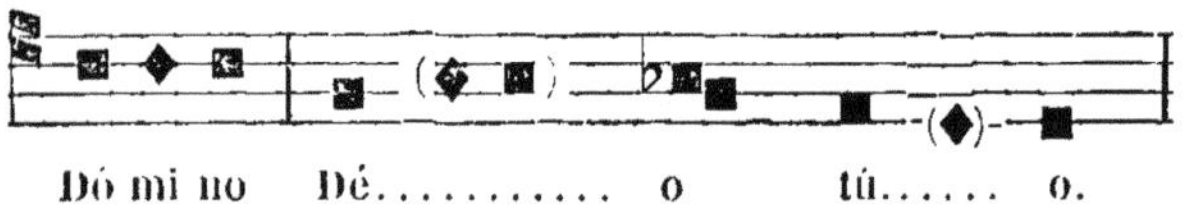

Dó mi no	Dé...........		o	tú......	o.
	Ti...........		met	Dó (mi)	num.
	Fá	(ci).....	unt	é.......	a.
	Ó	(pe).....	ra	Dó (mi)	ni.
Ar	gén	(tum)	et	aú......	rum.
	Vés	(tras)	in	sánc....	tas.
Lau	dá	(bunt)	te	Dó (mi)	ne.
	Quó	(ni am)	tu	Dó (mi)	ne.
Splen	dó	(ri bus)	Sanc	tó......	rum.

Le deuxième ton d et le quatrième ne suivent point les règles précédentes pour la première syllabe qui peut se trouver sur une brève, sur la dernière d'un mot ou sur un monosyllabe quelconque ; mais ils s'y conforment pour les autres, ne comptant pas la pénultième qui est brève, ou monosyllabe, ou dernière d'un polysyllabe. Cela vient, sans aucun doute, de ce que, dans le deuxième d, la deuxième note est plus haute que la première, et dans le quatrième, la première plus basse que les autres ; — il est même contraire à la nature de l'accent tonique, qui veut qu'on élève plus que toute autre la syllabe qu'il affecte, de commencer alors par la syllabe accentuée; exemple :

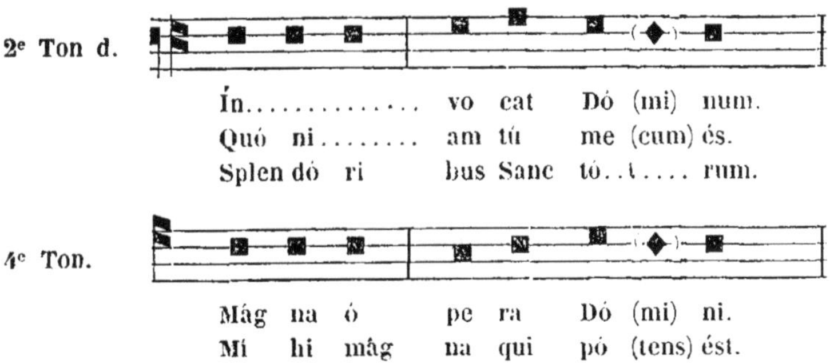

III. *Terminaison.*

Chaque ton a, d'ordinaire, plusieurs terminaisons.

Chacune est désignée par une lettre de l'alphabet qui représente, suivant l'ancien système, la note de la finale.

Ainsi, une terminaison est en A, lorsque sa dernière note est *la;* en B, lorsqu'elle est *si;* en C, lorsqu'elle est *ut;* en D, lorsqu'elle est *ré.*

On rencontre des lettres majuscules, minuscules et italiques. Elles servent à indiquer les différentes modulations qui ont la même finale, et servaient autrefois à annoncer par quelles notes devait commencer l'Antienne. Mais, plusieurs des symphoniastes modernes ont négligé mal à propos ces règles.

Les terminaisons sont *complètes*, si elles finissent par la finale du ton; *incomplètes*, si elles n'arrivent pas jusqu'à elle; *plus que complètes*, si elles la dépassent.

Les notes qui composent leur modulation se trouvent distribuées, dans les antiphonaires, sur les mots *à dextris meis*, ou sur les lettres *e, u, o, u, a, e*, et quelquefois *i, i, u, i, a, o*, qui ne sont qu'une manière abrégée d'écrire *sæculorum. Amen*, ou *Spiritui sancto.*

Voici la règle qui peut servir, dans la plupart des cas, pour la distribution des syllabes sur la terminaison.

Parmi les vingt-quatre terminaisons que possèdent les huit tons de notre diocèse, celle du cinquième A et toutes celles du septième seulement, ne doivent commencer que sur une syllabe marquée de l'accent tonique, à savoir : sur celle qui est marquée du pénultième ordinairement, ou de l'antépénultième, quand le verset termine par un mot indéclinable de plus de deux syllabes, ou par un monosyllabe.

La raison de cette règle, c'est que la première note de ces terminaisons seulement est la plus élevée et veut ainsi la syllabe marquée de l'accent tonique.

Par la raison contraire, toutes les autres terminaisons sont *indépendantes* des accents, et peuvent commencer sur une syllabe brève, ou sur la dernière d'un mot, ou sur un monosyllabe. Dans tous ces cas, il faut avec soin observer, pour l'élision et l'adjonction des syllabes brèves, ou monosyllabes, ou dernières d'un mot, ce qui a été dit pour les médiations de quatre syllabes ; exemples :

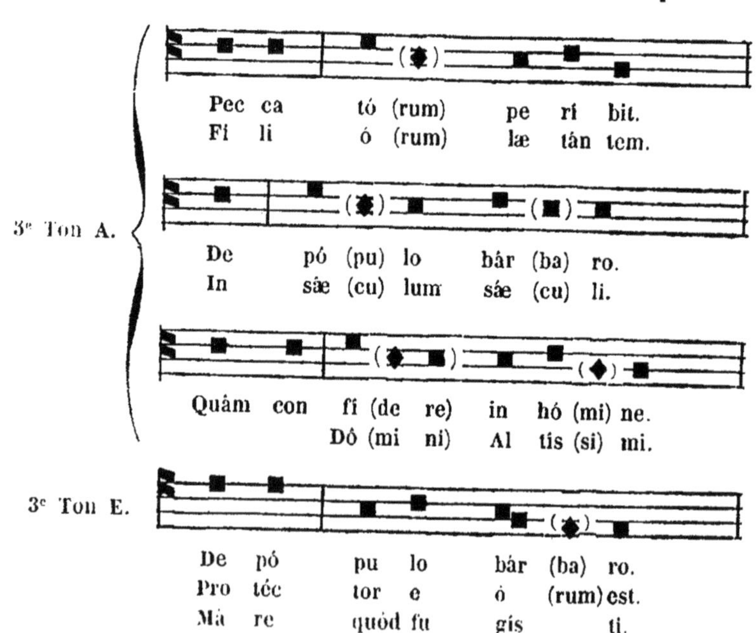

§ IV. *Psalmodie pour l'office simple des morts, et pour les trois jours d'avant Pâques.*

Tous les psaumes ont la teneur, la médiation et la terminaison, comme il a été dit dans le paragraphe précédent, et la distribution des syllabes doit s'y faire d'après les mêmes règles.

Mais l'intonation est entièrement supprimée, et l'on commence de suite par les notes de la teneur ; exemple :

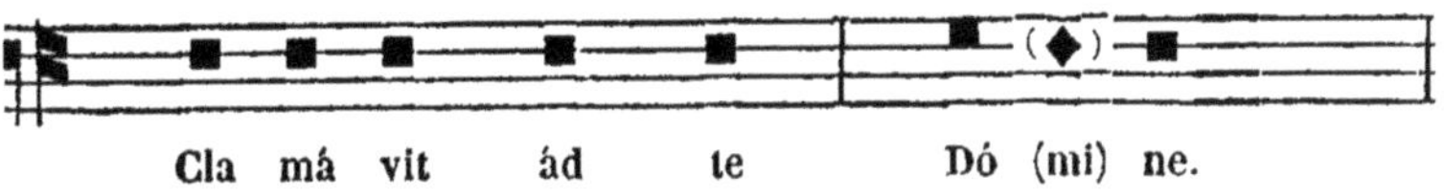

C'est la seule différence.

§ V. *Psalmodie des trois cantiques évangéliques*, Magnificat, Benedictus, Nunc dimittis.

Ces trois psaumes ont, en général, une intonation plus ornée que celle des psaumes ordinaires ; elle est toujours notée dans les antiphonaires ; elle l'est, dans ce diocèse, dans la série des tons, par le mot *Magnificat*, et doit se faire sans égard aux accents.

La médiation est de même plus ornée ; elle est indiquée, dans ce diocèse, dans la série des tons, par la notation du verset : *Et exultavit Spiritus meus.*

Enfin, la teneur et la terminaison ne présentent, avec celles des autres psaumes, aucune différence. Mais :

1° L'intonation se répète à chaque verset.

2° On ne relève la dernière syllabe de la médiation sur les monosyllabes ou sur les mots indéclinables, que pour le cinquième ton et pour le premier irrégulier ; car, la médiation est là semblable à la médiation commune.

3° Comme pour les psaumes ordinaires, on évite de prendre pour les deux notes principales, savoir : la première et l'avant-dernière de la médiation à partir de la fin de la première partie du verset, une syllabe brève, ou la dernière d'un mot, ou un monosyllabe non accentué ; mais on anticipe toujours jusqu'à ce que l'on trouve une syllabe convenable.

Il faut excepter le deuxième ton d, dont la médiation, proprement dite, peut commencer par une brève, ou la dernière d'un mot, ou un monosyllabe quelconque.

4° Quoique quatre syllabes suffisent, dans tous les tons, pour la médiation proprement dite, cependant aux tons deuxième D et d, au quatrième et au huitième, on module sur deux notes par degrés conjoints en descendant, la syllabe qui précède immédiatement la première *accentuée* de la médiation.

5° Si ces cantiques se chantent à l'office des morts et aux trois jours d'avant Pâques, ils doivent être commencés et continués par la teneur, sans intonation ; exemples :

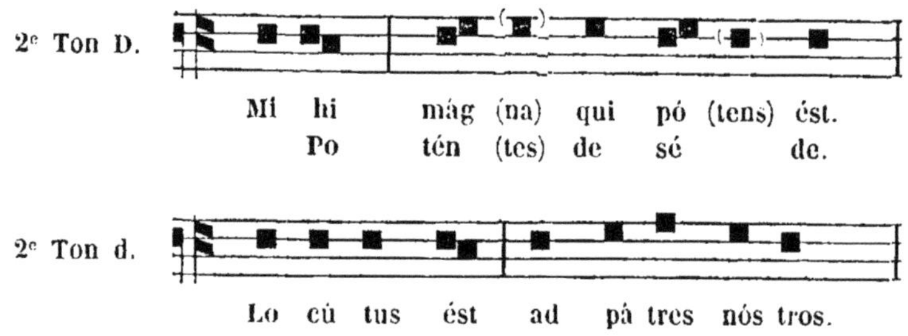

§ VI. *Difficultés pratiques.*

Il se rencontre, quelquefois, des versets dont la première ou la deuxième partie n'a pas assez de syllabes, pour que l'on puisse placer toutes les notes du chant.

Dans ce cas, il ne faut prendre, dans les dernières notes de la médiation ou de la terminaison, selon que le défaut est dans la première ou dans la deuxième partie du verset, que le nombre de notes nécessaires pour les syllabes qui sont à placer.

Quand il s'agit du premier verset des psaumes, avec la règle précédente, il ne peut y avoir d'embarras que pour les seuls psaumes : *Dilexi, Conserva me, Magnificat.* Pour le premier, l'usage est de ne faire que l'intonation sans médiation ; pour le second, qui ne présente de difficulté que quand la médiation est de quatre syllabes, de ne faire que la médiation sans intonation ; et enfin, pour le troisième, de noter tout au long sa première partie, *Magnificat,* dans les antiphonaires ; exemples :

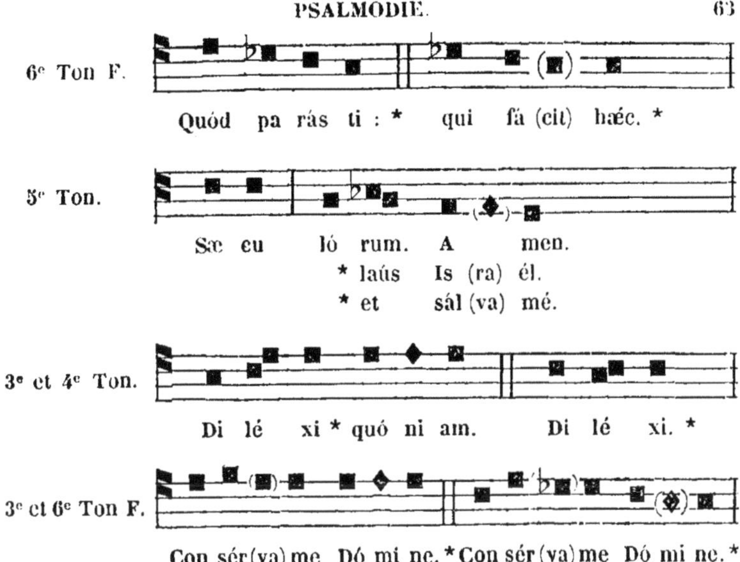

§ VII. *Imposition des Antiennes.*

On entend par Antienne, dans la Psalmodie, un texte qui se chante de suite après un psaume par tout le chœur réuni, et qui en est comme le résumé.

Aussi l'antienne et le psaume ne font-ils qu'un seul tout qui doit se chanter sans changer de ton. Dans les livres de chant bien organisés, il y a même entre les deux une telle relation que, pour chaque ton et pour chaque terminaison, il y a une modulation invariable pour le commencement de l'antienne; en sorte qu'il suffit à un chantre tant soit peu habile, d'entendre celui-ci, pour entonner le psaume comme il convient. Maintenant encore, avant d'entonner le psaume, on chante les premiers mots de l'antienne, pour donner le ton à celui qui doit entonner; c'est ce qu'on appelle *imposer l'antienne.*

L'*imposition* se fait en chantant seulement le commencement du morceau jusqu'à la première barre qui, ordinairement, marque l'endroit où il faut s'arrêter. Mais, pour la satisfaction de l'oreille, il est d'usage d'ajouter quelques notes en cadence. Cette addition peut se faire de trois manières :

1° Par *périélèse* (περιειλέω - *circumeo*);

2° Par *diaptose* (διάπτωσις, chute);

3° Par *prolongement.*

La *première* manière, qui est la plus usitée, se fait en ajoutant, avant la note qui termine l'intonation, une note au-dessus et deux au-dessous, qui se lient à cette dernière du mot; ce qui fait comme un contour ou cadence, qui est toujours une tierce majeure ou mineure; exemple :

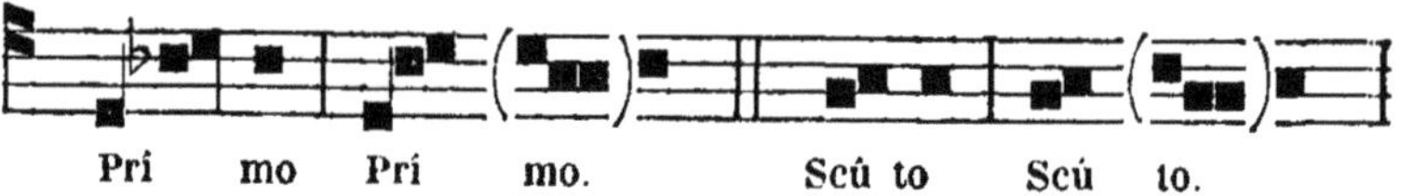

Si, cependant, la dernière syllabe du mot est chargée de plusieurs notes, dont la pénultième soit immédiatement au-dessus de cette dernière, on se contentera d'ajouter les deux notes au-dessous de la dernière; exemple :

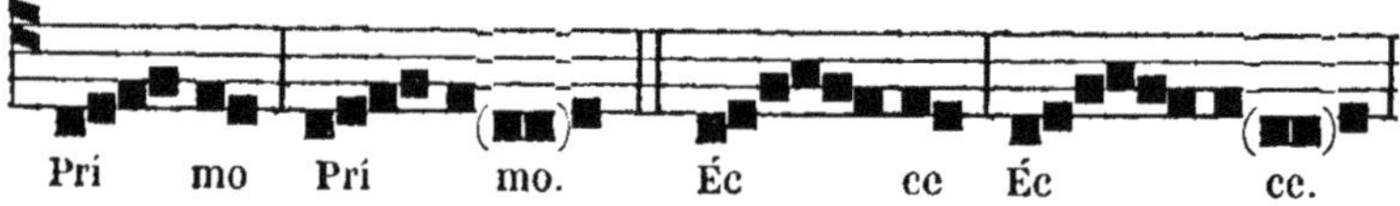

La *deuxième* manière se fait en ajoutant, après la dernière note du mot marquée pour l'intonation, deux notes au-dessous liées avec une troisième qui est la même que la dernière du mot; exemple :

On emploie surtout la diaptose quand la dernière syllabe du mot de l'intonation est chargée, en montant, d'une tierce ou d'une quarte, ou même d'une quinte, comme dans les exemples cités.

La *troisième* manière se fait simplement en doublant la pénultième note du mot de l'intonation, sans rien changer; exemple :

Cette troisième manière est en usage seulement à l'office des morts aux Simples et aux trois jours d'avant Pâques. Ailleurs, on emploie à volonté l'une des deux premières ; l'oreille décide.

Il y a des livres de chant où l'on trouve des périélèses et des diaptoses, non seulement pour les antiennes des psaumes comme cela est dans ceux de ce diocèse, mais toutes les fois qu'un chantre entonne un morceau quelconque, et même au commencement des hymnes et des proses, comme dans l'exemple suivant du *Graduel de Paris :*

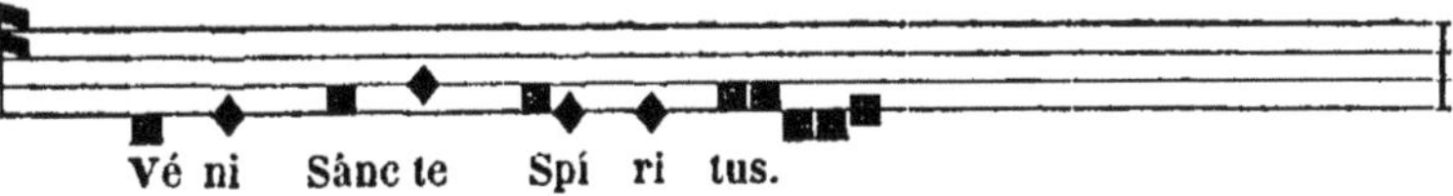

Il semble que cet usage, quoique de Paris, est d'un mauvais goût, en ce qui concerne les hymnes et les proses. Il est contraire à la mélodie, à l'enchaînement du chant, à la tradition et au sentiment des plus respectables auteurs.

Celui qui entonne le psaume doit avoir soin de voir la relation entre la dernière note de l'imposition et la première de l'intonation du psaume même ; mais surtout, celui qui impose l'antienne doit veiller à prendre le ton convenable du chœur ; ce qui ne peut se faire régulièrement qu'avec un orgue d'accompagnement avec lequel on touche la première note, ou avec un diapason et un peu de préparation.

Ces règles concernant la Psalmodie, trop courtes peut-être pour ne laisser à résoudre aucune difficulté, suffisent néanmoins dans la pratique et montrent comment on doit toujours, en cela, se reposer sur les règles de l'accentuation, qui reposent elles-mêmes sur le génie de la langue latine. Quoique l'on se soit servi comme exemple de la psalmodie usitée dans ce diocèse, il est très-facile de faire les mêmes applications à une autre psalmodie quelconque ; ce sont absolument les mêmes règles.

CHAPITRE HUITIÈME.

Règles générales pour la bonne exécution du Chant.

1° La première condition, condition tellement indispensable que nous croyons devoir la mettre la première, c'est que, dans les offices catholiques, le chant soit le chant de la *multitude*, excepté dans les moments où, d'après les règles de l'Eglise, on ne doit entendre qu'une ou que quelques voix ambassadrices des autres.

Chez les Hébreux, la musique du Temple était confiée à la *multitude* des lévites. Dans les premiers siècles de l'Eglise, saint *Ignace* d'Antioche établit le chant des psaumes, par la *multitude* des fidèles séparée en deux chœurs qui se répondaient, et cet usage, adopté par saint *Ambroise*, consacré par saint *Grégoire*, est devenu une règle. Saint *Athanase* dit que les vieillards, les jeunes gens, les femmes même sont séparés dans l'église, de place, d'âge, de sexe, mais pas de chant, tous, quand ils le doivent, ne formant qu'une seule et dévote harmonie. Saint *Chrysostôme* compare le chant de la *multitude* au bruit de la mer : Quand vous entendez, dit-il, les chants des hommes, des enfants, des vierges, c'est comme le bruit majestueux et puissant des ondes.

C'est la même comparaison qu'emploient les livres saints, quand ils parlent de la musique *céleste*. C'est, disent-ils encore, une multitude innombrable *(millia millium)* qui chante le cantique : « A l'Agneau qui a été sacrifié ; » et les Vierges qui chantent le cantique à elles seules réservé, sont au nombre de cent quarante-quatre mille.

Du reste, chacun sent bien dans son âme que si le chant de l'Eglise n'est pas *multitudinaire*, outre les inconvénients spirituels qui en peuvent résulter, il demeure sans vie, capable peut-être de flatter des oreilles curieuses, mais pas d'édifier des oreilles pieuses.

Réalité de la religion juive dont elle est la continuation perfectionnée ; figure de la Jérusalem céleste dont elle est l'ébauche, c'est donc avec raison que l'Eglise, animée du même esprit, a toujours voulu que ses enfants vinssent dans la maison de Dieu, non seulement pour y prier, mais pour y chanter leurs prières ; et c'est ainsi, avec justice, que l'on pose ici, pour première condition d'un chant convenable, son exécution par la multitude des fidèles.

On ne peut donc que blâmer l'usage existant dans quelques églises, de prendre le chant tellement bas que la voix du peuple ne peut y atteindre ; ou cet autre d'empêcher avec rigueur le peuple de chanter ; ou, et à plus forte raison, cet autre de faire chanter les *Kyrie*, les *Gloria*, etc., par des femmes auxquelles, à grande peine, on apprend de prétendues messes musicales, au lieu de faire chanter ces pièces en plain-chant, au moins quand cela est possible, par les voix mâles de la multitude des hommes.

2° La deuxième condition pour l'exécution convenable du chant de l'Eglise, c'est la pensée du lieu où l'on se trouve, la conviction des choses que l'on chante, la volonté de s'édifier soi-même et d'édifier les autres ; en un mot, c'est la *Foi*.

Quand vous priez Dieu par des psaumes et par des cantiques, dit saint *Augustin*, que cela soit dans le cœur qui est exprimé par la bouche ; et saint *Bernard*, écrivant à une religieuse qui lui avait demandé comment elle devait faire pour bien chanter : « Quand vous chantez, en présence de Dieu, des psaumes ou des cantiques, méditez dans votre esprit ce que vous chantez par la voix ; que le cœur soit d'accord avec elle ; que vous ne chantiez pas une chose, et que vous ne pensiez pas une autre ; autrement, vous perdez tout le fruit de votre travail [1]. » En effet :

Le temple catholique est en un sens plus imposant que le Ciel même ; car, au Ciel, il n'y a que le Ciel avec Dieu, ses anges, ses saints et son bonheur ; mais, dans le temple chrétien, il y a comme l'Eglise *souffrante* figurée par les cryptes souterraines où se déposent les corps des défunts, et apparente aux yeux par les dalles funéraires que l'on foule aux pieds ; il y a l'Eglise *militante* assemblée dans les nefs de l'édifice qui se développent en croix ; il y a surtout l'Eglise *triomphante* figurée par les innombrables peintures des anges, des saints, des saintes, qui s'échelonnent comme une armée rangée en bataille, à l'intérieur et à l'extérieur, sur les murs, sur les colonnes, sur les vitraux. Il y a bien plus, car il y a

[1] Page 867, *Ad Sororem*, vol. II.

Jésus-Christ, Notre-Seigneur, réellement et substantiellement présent, avec les anges qui font son cortége et l'environnent de leurs adorations.

Assemblé à l'Eglise, le peuple chrétien est donc là devant son Dieu qu'il adore, et qui sera son juge et son bonheur. Il est là, suspendu entre l'Eglise triomphante qu'il a sur sa tête, et l'Eglise souffrante qu'il a sous ses pieds, lui-même Eglise militante marchant avec peine à la conquête du Ciel, et se trouvant là pour chanter les louanges et les bienfaits de son Dieu, célébrer les triomphes de ses frères victorieux au Ciel, et implorer, en union d'esprit et de cœur avec les anges et toute l'humanité, le pardon de ses égarements et les grâces qu'il lui faut dans le pélerinage de cette vie.

Avoir foi à tout cela, croire en même temps que le chant doit exprimer, échauffer, aiguillonner tous ces sentiments, voilà, croyons-nous, l'indispensable moyen pour bien chanter. Oui, certainement, celui qui les aura mettra, dans l'expression de son chant, quelque chose de digne de la Divinité présente; quelque chose des joies célestes et pures des anges et des saints qui assistent; quelque chose des tristesses de l'Eglise souffrante qui s'y mêle, et de l'énergie des ardents désirs de l'humanité exilée qui crie à son Dieu qui l'attend. Sans cela, au contraire, le meilleur chanteur ne sera jamais qu'un histrion plus ou moins habile, dont la place est ailleurs que dans la maison de Dieu.

Nous demandons pardon d'insister sur une condition dont chacun, sans doute mieux que nous, comprend la nécessité. Mais aujourd'hui que tant de chantres font de leur glorieux état un vil métier; que l'instrument divin, l'orgue, au lieu d'être tenu, comme autrefois, par un prêtre ou un pieux laïc en chape, l'est si souvent par un organiste à la foi douteuse; que si souvent on entend le matin pour chanter les louanges de Dieu, les mêmes voix qui iront le soir ailleurs chanter les plaisirs du monde; que si souvent on se sert de nos églises pour donner aux amateurs ce que l'on peut appeler des concerts religieux, on ne saurait trop haut protester contre un si malheureux état de choses.

La foi à ce que l'on fait et à ce que l'on chante, oui, voilà l'indispensable condition pour bien chanter. Elle est si importante, qu'il ne faut pas craindre de dire qu'à cette époque, où un si louable élan se manifeste pour l'étude de tous les monuments chrétiens, ceux qui compromettent le plus cette belle cause et en retardent les progrès, autant pour le chant que pour le reste, sont ceux qui osent mettre la main à cette œuvre sainte sans la foi. Les admirateurs à la mode de nos monuments sacrés quels qu'ils soient, voilà peut-être ceux qui en sont les plus redoutables ennemis. Celui qui n'est qu'*amateur* n'a ni le droit ni les moyens de faire, ni d'apprécier du chant ecclésiastique, puisqu'il s'agit maintenant de chant. C'est un aveugle devant un tableau; il lui manque un sens [1].

3° La troisième condition c'est la prévision et la préparation des choses que l'on doit chanter. Il est nécessaire, dit le *Cérémonial de Toul*, page 57, de bien prévoir ce que l'on doit dire, chanter, intimer, entonner, de peur de dire une chose pour une autre, ou de l'entonner dans un autre ton qu'il ne faut. Que si cela arrive à quelqu'un, il ne doit pas manquer de s'en repentir devant Dieu après l'office; et cependant il faut, dans le chœur, dissimuler la faute, et ne pas exciter un plus grand scandale en y voulant remédier avec trop d'empressement. C'est au sous-chantre seul, c'est-à-dire à celui qui a la direction du chœur, à reprendre les fautes de la manière la plus convenable que la prudence lui suggérera. L'importance de cette condition est évidente; suivie exactement, elle ferait certainement éviter bien des fautes.

4° La quatrième condition c'est l'observation exacte des rubriques en ce qui concerne la distribution du chant. Quand on dit une oraison, une leçon, etc., dit au même lieu le *Cérémonial de Toul*, ou qu'un côté du chœur chante, tous les autres doivent être en silence, lisant des yeux ce que l'on chante, sans qu'il soit nécessaire de le prononcer tout bas en même temps.

Le chant, pour le chrétien, c'est comme une sublime conversation de Dieu et des anges avec les hommes, du Ciel avec la Terre et de la Terre avec le Ciel. Voilà pourquoi, tantôt c'est le prêtre seul qui chante, médiateur entre Dieu et les hommes, tantôt les plus dignes seuls, tous les autres priant en silence, tantôt une partie des fidèles, tantôt l'autre, tantôt tous ensemble. Voilà pourquoi il y a des invitations par quelques uns, des réponses par tous. Mais, s'il

---

[1] C'est l'occasion de faire remarquer que voilà la raison pour laquelle plusieurs personnes, tout en remerciant vivement M. Victor Hugo, des *quelques* pages qu'il a eu, un des premiers, l'honneur, dans un roman célèbre quoique assez scandaleux, de consacrer à la louange des beaux-arts catholiques au moyen-âge, ne peuvent cependant encore, comme plusieurs le voudraient, le prendre en cela pour guide ou comme patron.

en est ainsi, avec quel soin il faut donc se conformer aux règles de l'Eglise qui a déterminé la part que chacun doit prendre à ces mutuels échanges de prières, de joies, de grâces! Avec quel soin respectueux on doit s'empresser de remplir son rôle, et de laisser celui des autres! En conséquence, chacun et chaque chœur saura quand il doit chanter et quand il doit se taire, et apportera la plus grande attention pour faire l'un et l'autre avec la même fidélité et la même promptitude. Par là, l'Office présentera toujours un caractère d'ordre et de respect qui ne pourra manquer d'en faire la plus grande beauté, et, sans cela, au contraire, ce ne sera qu'un Office mal réglé, où apparaîtront toujours des caractères d'indévotion ou au moins d'inattention.

5° La cinquième condition c'est un ton convenable pour que la voix puisse monter aux notes les plus hautes et descendre aux notes les plus basses. Il suffit, pour cela, de se rappeler ce qui a été dit précédemment et dont voici le résumé : Pour des voix de femmes ou d'enfants, que la *dominante* soit placée sur le *la aigu* du diapason; pour des voix ordinaires de jeunes gens, sur le *sol grave* du diapason : pour des voix de basses, comme il y en a dans la plupart des cathédrales de France, sur le *fa* ou même sur le *mi bémol grave* du diapason; pour une multitude où il y a différentes espèces de voix, la note qui paraît le mieux convenir comme *dominante*, c'est le *la* ou le *sol* du diapason.

6° La sixième condition c'est que tout, dans la voix, dans la respiration, dans la prononciation, dans la posture même, soit décent et convenable. Les saints ont parfaitement réglé chacune de ces choses :

Que la *voix* soit simple, claire, pleine d'une sonorité virile, et ne sente rien d'informe ou de dur, est-il dit par plusieurs conciles [1]. Gardez-vous, dit saint *Bonaventure* [2], d'élever magistralement votre voix; car si vous cherchez à plaire à Dieu, plus vous chanterez avec simplicité, plus vous lui plairez; si vous voulez plaire à ceux qui écoutent, c'est une vaine gloire; si vous voulez plaire à vous-même, c'est une vaine légèreté. Ceux-là, dit *Hugues de Saint-Victor* [3], qui chantent trop fort les louanges de Dieu scan-

---

[1] Voyez les canons de la 24e semaine après la Pentecôte, au bréviaire actuel de Nancy.

[2] *De Institutione Novit.*, p. 1, ch. XXXIII.

[3] *Alleg. in Math.*, lib. II, ch. II.

dalisent plutôt qu'ils n'édifient ceux qui les entendent et qui les voient.

On évitera donc le défaut 1° de ceux qui affectent sans cesse une voix forte, et veulent à tout prix se faire entendre en commençant avant les autres ou en finissant après. 2° De ceux qui ont, en quelque sorte, deux voix, l'une petite et d'une douceur presque affectée, et l'autre forte et éclatante qu'ils ménagent pour les finales, pour les repos et d'autres endroits où l'on s'y attend le moins. 3° De ceux qui, sans raison convenable, ne prennent pas la peine de donner à leur voix son étendue et son expression naturelle, mais chantent avec un *laisser-aller* condamnable. On aura soin, au contraire, de si bien ménager la voix, que, d'un côté, elle soit toujours forte, vibrante et animée ; et que, de l'autre cependant, elle soit toujours naturelle, douce, gracieuse et pieuse, afin qu'on puisse chanter longtemps sans se fatiguer et sans fatiguer les autres. On veillera plus particulièrement sur soi, dans l'émission des sons aigus, au passage de la voix de poitrine à la voix de gosier, et jamais on ne montrera la prétention ridicule de l'emporter sur les autres par la force de ses poumons.

On ne saurait trop vivement recommander de ne pas détacher ou hacher les notes, surtout quand il y en a plusieurs en montant ou en descendant sur la même syllabe. — Il faut alors, avec goût, c'est-à-dire avec fermeté sans raideur, et douceur sans mollesse, lier toutes les notes de manière à n'en faire pour ainsi dire qu'un son continu. Par là, on pourra sans crainte dire du plain-chant ce que disait *Choron* de la musique de *Palestrina :* quand il est exécuté à voix ménagée, avec justesse, d'un mouvement égal et modéré, avec simplicité, onction et douceur, il produit quelque chose de divin, que l'on chercherait vainement dans la musique moderne. A Dieu ne plaise, ainsi, qu'on admette ces ornements de la voix, qui sont recommandés par quelques auteurs, et si souvent employés dans la musique moderne, comme port de voix, notes d'agrément, augmentation, diminution, tremblement de la voix, et autres choses semblables aussi contraires à l'usage de nos pieux ancêtres et à la sainte gravité du plain-chant, qu'à la majesté du lieu.

Ce qui contribue le plus à l'émission facile de la voix, c'est la *respiration* à des intervalles convenables. Chacun devra donc avoir soin de respirer à temps, afin de ne pas inutilement paraître gêné, et, cependant, de ne pas respirer mal à propos, pour ne pas saccader le chant. Il n'est guère possible d'établir une règle générale ; toutefois, il semble qu'une respiration entière après chaque mot, et

6

une demi-respiration seulement après l'une quelconque des notes liées sur une même syllabe serait ce qu'il y a de plus convenable, pour ne pas briser le mouvement, ni interrompre le sens. Dans tous les cas, quand on veut respirer, il convient d'en prendre le temps sur la valeur de la note à la suite de laquelle on doit respirer.

La *prononciation* correcte et bien articulée, quoique sans affectation, est une des choses qui contribuent le plus à la beauté du chant. Aussi, saint *Chrodegand* de Metz, saint *Bernard*, saint *Bonaventure*, et, avant eux, saint *Ambroise*, saint *Basile*, ont-ils, avec le plus grand soin, recommandé ce point important. Que vous soyez là, dit saint *Bernard*[1], avec courage, révérence et attention, sans paresse, ni somnolence, ni laisser-aller, n'étant pas avares de vos efforts, n'abrégeant pas les mots, ne les passant pas en entier, ne les émettant pas à voix basse, à demi-rompue, nasillarde ou féminine ; mais, au contraire, exprimant les paroles de l'Esprit-Saint par un chant et un amour virils.

Qu'on récite et qu'on chante, recommande saint *Chrodegand*, chaque chose en son entier, avec lucidité et componction du cœur, afin que l'âme de ceux qui chantent se nourrisse de la douceur des paroles, et que l'oreille des auditeurs en soit pieusement émue.

On évitera donc avec grand soin ces prononciations singulières ou même risibles que chacun a entendues. On ne dira pas *Deïus meïus* pour *Deus meus*, ni *Kyrie*, *ie*, *ie*, *ie* pour *e*, *e*, *e;* ni, en chantant un *Credo* ou un *Gloria* : *Cre,oue,oue,ouedo* pour *Cre,e,e,edo; Glo,ouo,ouoria* pour *Glo,o,oria*. On ne changera pas les *e* en *a*, les *u* en *ou*, etc.

Pour éviter ces défauts, que nous sommes souvent seuls à ne pas voir, il faut veiller sur soi, surtout dans les commencements, et s'habituer à bien ouvrir la bouche et desserrer les dents, pourvu qu'on le fasse sans affectation. Il le faut faire surtout quand deux voyelles se rencontrent de suite, comme dans ces mots : *Labia mea aperies*, sans quoi l'une d'elles passera nécessairement inaperçue.

Quand plusieurs notes se trouvent sur une même syllabe, qui finit par une consonne, il ne faut prononcer la consonne que sur la dernière note. On ne dira pas : *Hæc dies es*, *es*, *es*, *es*, mais seulement *e*, *e*, *e*, en réservant l'émission de l'*s* pour la dernière note.

Il ne nous appartient pas de décider comment on doit prononcer

---

[1] *Sermo* 47, *in Canti.*

certains mots, comme sont ceux qui commencent par *in*. Ainsi, les mots *intende, incipit, inducas*, *Sanctus*, *Baptista*, doivent-ils être prononcés : *aintende*, *aincipit*, *Sanktus*, *Baptista;* ou en donnant à l'*n* le son naturel de l'*i* : *in-tende, in-ducas, San-tus, Batista.* Il nous paraît que l'usage général du pays où l'on se trouve doit faire loi. En France, on dira donc : *aincipit, Sanktus, Baptista.*

La *posture* et *la tenue* du corps sont une chose dépendante des trois qui précèdent, et qui ne contribue pas moins à la bonne et surtout à la décente exécution du chant. Il suffira de signaler les défauts les plus communs. Quelques chantres ouvrent la bouche de travers, tournent le menton d'une manière grotesque, se contractent la figure, remuent la tête alternativement en avant et en arrière, battent la mesure du pied ou de la main et quelquefois des deux, mettent leurs mains ou un livre devant leur bouche, tiennent leur menton à pleine main [1], croisent les bras avec nonchalance, se mettent sur une jambe et puis sur l'autre, et font mille autres contorsions semblables qui sont loin d'être propres à l'édification des fidèles et à la bonne exécution du chant; mais ce qui passe toutes les bornes, même des simples convenances humaines, c'est la scandaleuse tenue des musiciens qui sont payés dans plusieurs églises pour chanter des messes en musique aux jours de solennité. Dissipation, irrévérence, causeries, rires, manifestation équivoque, si ce n'est absence complète de signes religieux; souvent, rien n'y manque.

Les premiers défauts sont compatibles avec la piété, et peuvent être corrigés par l'attention. Les seconds sont, pour l'ordinaire, le témoignage des sentiments du cœur. Le meilleur moyen de les faire disparaître serait peut-être de se passer de ceux qui les ont, ou au moins de veiller avec un soin sévère à la recommandation de saint *Chrodegand* [2] : Ayez bien soin, dit-il, que les chanteurs ne souillent point par quelques vices le don divin qui leur a été confié, mais plutôt qu'ils l'embellissent par l'humilité, la chasteté, et toutes les autres vertus des saints. Par là, on mettrait un terme au désordre qui vient d'être signalé.

7° La septième condition, c'est un ensemble parfait, une fusion complète entre toutes les voix.

---

[1] Ce qui fait penser à *Samson* combattant les Philistins. *(Note communiquée.)*

[2] *De Cantoribus.*

Il faut que toutes les voix soient extrêmement unies, que l'une ne devance pas l'autre, ni que l'autre ne se fasse pas trainer. Il faut que tous frappent en même temps la même note, dans un parfait accord et de concert; il faut que tous chantent en même temps syllabe pour syllabe, et note pour note. Saint *Nicet*[1], évêque de Lyon ou de Trèves, avait dit : Que toutes vos voix s'unissent dans un parfait accord; que personne ne traîne indécemment après les autres, qu'on n'entende pas l'un chanter d'un ton plus bas, l'autre d'une voix élevée au-dessus des autres; mais que chacun s'efforce avec docilité de conserver sa voix au ton du chœur et de s'y renfermer. De même, continue-t-il, que les trois jeunes hébreux, dans la fournaise, louaient Dieu d'une même bouche, de même, nous tous, chantons, comme d'une seule bouche, le chant des psaumes et prononçons, comme d'une seule voix, la modulation des saints cantiques.

Pour arriver à cette imposante unité, qui est l'une des plus grandes beautés du plain-chant, il faut prendre quelques précautions :

1° Se bien écouter mutuellement.

2° Suivre avec attention, sans trainer ni ralentir le mouvement qui a été donné par celui qui a entonné.

3° Ne pas commencer ni cesser de chanter, au milieu d'un morceau quelconque, sans raison grave, mais chanter ou se taire d'un bout à l'autre.

4° Il ne faut rien ajouter ni diminuer, mais simplement chanter ce qui est sur le livre. C'est l'avis de saint *Augustin*, de saint *Bernard*, de M. *Lebœuf*, de M. *Nivers* et de tous les auteurs qui ont écrit sur le plain-chant. Suivant eux, dans le chant ordinaire, personne ne peut prendre l'octave en haut ou en bas, ni chanter à la quinte ou à la tierce, sans nuire singulièrement à la gravité de l'Office divin et même à l'ensemble du plain-chant qui est simple et uni et ne doit pas, dit un auteur compétent, souffrir de semblables cacophonies[2].

Ces prétendus accords, en effet, quand ils ne sont pas préparés convenablement (comme nous le dirons plus tard), ne sont faits que par deux ou trois voix, qui souvent cherchent les notes har-

---

[1] *Spic.* Tome III, ch. 3.
[2] *Poisson*, p. 73 et 403.

moniques à émettre. D'où il arrive que souvent elles ne les trouvent pas, ou ne trouvent pas les convenables, et qu'ainsi, presque toujours, autant qu'elles le peuvent, se distraient elles-mêmes, distraient les autres, nuisent à la gravité du chant et l'empêchent de produire cet accord uniforme, mais beau et mélodieux, qui laisse, sans effort, comprendre le sens des paroles, entretient l'esprit, nourrit le cœur et anime la piété.

8° Enfin, une huitième condition c'est la proportion de la vitesse ou de la lenteur du chant aux solennités et aux différentes parties de l'office. Avoir indiqué cette condition, c'est avoir donné les moyens de la remplir. Le chant des fêtes solennelles sera donc grave et majestueux, et l'on en proportionnera si bien l'allure générale pour les autres fêtes, que l'on arrivera, par une progression descendante, aux simples féries qui auront le chant le moins lent, quoique sans aucune précipitation ni légèreté.

Il faut mettre une différence semblable entre tous les morceaux de la Messe, pour qu'il y ait une correspondance entre le chant et les actions du prêtre. On chantera régulièrement l'*Offertoire*, pour qu'il dure jusqu'à la Préface; le *Sanctus*, pour qu'il dure jusqu'au premier avertissement pour l'Elévation; le *Benedictus*, jusqu'à la petite Elévation.

De même, les Antiennes au Saint-Sacrement, les cantiques évangéliques, devront être chantés plus lentement que le reste de l'Office.

S'il s'agit plus particulièrement de la Psalmodie, les règles à suivre se résument dans ces observations du *Cérémonial* [1] :

« Il faut remarquer qu'on ne doit point traîner la dernière syllabe du milieu et de la fin de chaque verset, il faut la couper et faire ensuite, *au milieu de chaque verset* SEULEMENT [2], une pose plus ou moins grande selon la solennité du jour. Aux fêtes de première et de deuxième classe, la pose sera de l'espace de deux ou trois mots; les autres jours, d'un mot ou deux; mais il ne faut jamais manquer à la faire, l'Eglise l'ordonne très-expressément, et l'expérience fait connaître que l'accomplissement de cette règle

[1] Page 51.

[2] A moins sans doute que la respiration ne puisse y suffire. Dans ce cas, qui doit être rare, car dans les maisons religieuses qui se glorifiaient de faire le mieux l'office, on l'évitait *toujours*, il faut avoir soin de s'arrêter *peu*, afin de conserver à la *médiante* son caractère.

est une des choses qui édifient davantage, et qui excitent le plus et l'attention de ceux qui chantent et la dévotion de ceux qui écoutent. Enfin, comme un côté du chœur ne doit pas anticiper sur l'autre, c'est-à-dire ne doit pas commencer son verset avant que l'autre n'ait bien achevé le sien; aussi, tous ceux d'un même côté doivent-ils si bien s'entendre, que l'un ne commence et ne finisse pas avant l'autre, mais il faut commencer et finir tous ensemble, dans une parfaite union. On l'a peut-être déjà dit, mais on ne saurait trop le répéter. »

Toutes ces règles qui ont rapport à l'exécution convenable du chant, se trouvent ainsi résumées dans un ancien *Psautier*, imprimé vers le commencement du XVIe siècle :

Comment il faut chanter ou réciter l'Office [1].

C'est :

1° Avec une élévation pure de l'ame, *en ce qui concerne l'intelligence*, parce que vous vous tenez en présence de l'Eternel Juge, de l'Ange Gardien, et de votre ennemi qui vous poursuit.

2° Avec attention pleine du coeur, *en ce qui concerne l'affection*, désirant que Dieu soit loué, que la Cour céleste se réjouisse, et que l'univers entier soit aidé.

---

[1] *Quomodò canendum vel recitandum Officium.*

1° Pura mentis elevatione : *intellectualiter*, quia stas conspectu Æterni judicis, Angeli custodis, inimici tui persequentis.

2° Plena cordis attentione : *affectualiter*, desiderando ut! Deus laudetur, cœlestis Curia lætetur, totus mundus juvetur.

3° Perfecta oris pronunciatione : *integraliter*, ut nihil prætermittas dicendum, superaddas, inordinatum hinc indè transponas.

Igitur :

Cum Domino psalles, psallendo hæc omnia serves;
Dirige cor sursùm, benè profer, percipe sensum;
Spires in medio, pede juncto, deprime vultum,
Versus posterior videat finem anterioris.
Non vox sed votum, non consona musica sed cor,
Non clamor sed amor Domini pertingit ad aures.

3° AVEC UNE PRONONCIATION PARFAITE DE BOUCHE, *en ce qui concerne l'intégrité*, en sorte que vous n'ajoutiez ou n'omettiez rien, et que vous ne transposiez rien, sans ordre, d'un lieu à un autre.

Donc :

Quand vous chantez les louanges du Seigneur, observez ce qui suit :

Elevez votre cœur en haut, prononcez bien, comprenez le sens, respirez à temps, soyez les pieds joints, le visage modeste. Que le verset qui suit voie la fin de celui qui précède ; car ce n'est pas la voix mais l'intention, ni l'harmonie de la musique mais le cœur, ni les cris mais l'amour qui parviennent aux oreilles du Seigneur.

CHAPITRE NEUVIÈME.

Règles du chœur, ou distribution du Chant dans les diverses parties des Offices.

La distribution du chant varie pour plusieurs choses, suivant les diocèses.

Le court abrégé qu'on va lire est tiré du *Cérémonial de Toul*, pour différentes raisons.

La première, c'est afin que ce livre puisse être, en ceci, de quelque utilité à ceux pour lesquels il a été particulièrement composé; et pour eux, jusqu'alors, le seul *Cérémonial* qui puisse guider, c'est le *Cérémonial de Toul.*

La deuxième, c'est que la distribution du chant, d'après ce *Cérémonial* (en quoi l'on peut remarquer le zèle qu'a l'Église de Toul de se conformer à l'ancienne discipline, *Cérémonial*, p. 12), est presque identique à celle qui est faite dans les églises de France où les cérémonies se font avec le plus de régularité. Particulièrement, il n'y a aucune différence entre la distribution du chant à Toul et à la métropole de Rheims, excepté les *Louanges* avant l'Epitre.

On est loin cependant d'avoir eu même la pensée de rien dire pour servir de règle. Ce n'est qu'un simple abrégé d'une distribution qui se *faisait* dans une ancienne Eglise, et qui a pu n'être pas ici analysée avec assez d'exactitude. Dans l'esprit de l'auteur, ce n'est que l'histoire du passé. C'est pour cette raison qu'il s'est borné à résumer la distribution du chant dans les offices de première classe, celle qui est faite dans les autres présentant avec celle-là trop peu de différences pour qu'il soit nécessaire de les mentionner. C'est pour cela aussi, et parce que maintenant les choses sont bien changées dans plusieurs églises, qu'il a cru devoir, pour la facile compréhension du lecteur, indiquer par un plan l'ancienne distribution des lutrins, telle qu'elle était dans les anciennes cathédrales, telle qu'elle s'est conservée dans plusieurs endroits et telle, à peu de chose près, qu'elle était à Toul.

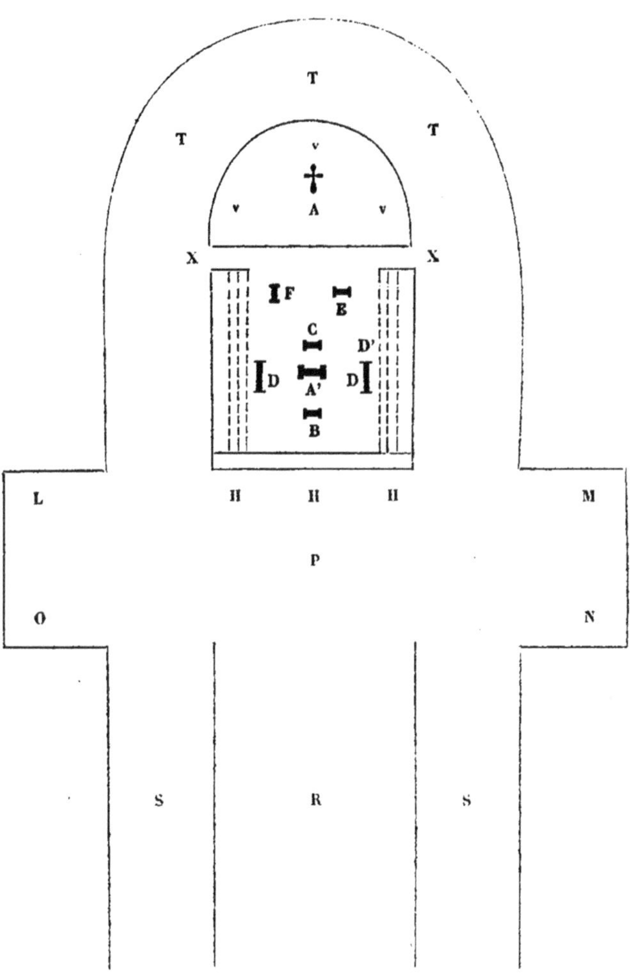

LÉGENDE.

A Maître-autel.
A' Pupitre de l'aigle.
B Pupitre des répons.
C Pupitre des choristes.
D D Pupitres des vicaires ou des chantres.
D' Place du sous-chantre, devant ce pupitre.
E Moyse, pupitre de l'Epitre.
F Aigle de l'Evangile, tourné du côté du Septentrion.
H Jubé.
L M N O P Transsept.
R Grande nef.
S Bas-côtés.
T *Sacrum deambulatorium.*
A v v v *Sanctuarium.*
X X Petites portes du chœur.

I. *Premières vêpres* [1].

Le Célébrant. — *Ave Maria, gratiâ plena, Dominus tecum...*

Les 2 Choeurs. — *Benedicta tu in mulieribus et benedictus fructus ventris tui.*

Le Célébrant. — *Deus in Adjutorium meum intende.*

Les 2 Choeurs. — *Domine ad adjuvandum me festina. Gloria Patri*, etc. *Sicut erat*, etc. *Alleluia* ou *Laus tibi*, etc., selon le temps [2].

Le Sous-Chantre impose la première Antienne [3].

Le 1er Choriste, *celui du côté de l'Epître*, commence *seul* le premier psaume, jusqu'à la *moitié* du verset, que le *chœur*, de son côté, achève; l'autre *chœur* chante le deuxième verset, sans qu'il soit commencé par quelqu'un, et ainsi de suite, alternativement, jusques et y compris le *Gloria* et la réponse *Sicut erat... Amen.*

Après le premier Psaume :

Les 2 Choeurs chantent la première Antienne [4].

Pour les quatre psaumes suivants, ils sont commencés aussitôt après l'imposition des Antiennes, (faite par quelqu'un du chœur, sur l'invitation de l'un des choristes, comme il a été fait pour le premier psaume et qu'il doit être fait pour un psaume quelconque avec Antienne, à moins qu'il ne soit dit le contraire), le deuxième par le deuxième choriste, le troisième par le premier, le quatrième par le deuxième, le cinquième par le premier. Chacun d'eux s'arrête après la première partie du verset, qui est achevé par le chœur du côté du choriste entonnant, l'autre chœur chantant le deuxième verset, et ainsi de suite, alternativement.

---

[1] Voyez *Cérémonial de Toul*, pages 110-114.

[2] Il y a des églises où le célébrant commence tout de suite par : *Deus in adjutorium, toutes* les heures de l'office; d'autres, où il les commence *toutes* par *Ave Maria*.

[3] On appelle sous-chantre celui qui est chargé de la conduite du chant après le maître des Cérémonies; c'est le chef du lutrin.

[4] Il n'est pas dit, mais il est d'usage qu'elle soit commencée par quelqu'un, ordinairement le sous-chantre. Il en sera de même pour toutes les antiennes.

Les 2 Choeurs, après chacun des psaumes, chantent l'Antienne qui le suit.

Après la cinquième Antienne :

Le Célébrant chante le *Capitule.*
Les 2 Choeurs. — *Deo gratias.*

Après l'Hymne :

Deux Enfants de Choeur, qui viennent devant le livre de l'Aigle, chantent le Verset.
Les 2 Choeurs. — La Réponse.
Le Célébrant, ou *le plus digne du clergé*, impose l'Antienne de *Magnificat.*
Le Choriste, qui a intimé l'antienne au Célébrant, entonne *Magnificat* jusqu'à la première partie du Verset ; le chœur de son côté achevant le reste, l'autre chœur chantant le deuxième, et ainsi de suite.
Les 2 Choeurs chantent l'Antienne.
Le Célébrant. — *Dominus vobiscum.*
Les 2 Choeurs. — *Et cum spiritu tuo.*
Le Célébrant. — *Oremus.....* etc.
Les 2 Choeurs. — *Amen.*
Le Célébrant. — *Dominus vobiscum.*
Les 2 Choeurs. — *Et cum spiritu tuo.*
Deux Enfants de Choeur, qui se sont rendus derrière les choristes, devant le livre de l'Aigle, chantent : *Benedicamus Domino.*
Les 2 Choeurs. — *Deo gratias.*
Deux des premiers du Choeur, qui sont venus devant le pupitre de l'Aigle, entonnent le *Répons.*
Les 2 Choeurs poursuivent jusqu'au Verset.
Les deux chantent : *Gloria... Spiritui sancto.*
Les 2 Choeurs. — De nouveau, la *Réclame* [1].
Le 1er Choriste entonne l'Hymne, en disant le premier vers, s'il n'a que six, sept ou huit syllabes et n'en disant que la moitié, s'il en

[1] S'il y a peu de prêtres dans le chœur, ou s'il n'y a pas assez de chapes à la sacristie, ce sont les deux choristes qui chantent le répons. (*Cér.*, p. 115.)

a plus de huit. Le chœur de son côté achevant la première strophe, l'autre chœur chantant la deuxième, et ainsi de suite. (*Cér.*, p. 55.)

Les 2 Choeurs. — *Amen.*

Si l'on doit faire quelque Mémoire :

Les Choristes entonnent ensemble l'Antienne requise.

Les 2 Choeurs l'achèvent.

Le Célébrant chante le Verset convenable.

Les 2 Choeurs la Réponse, après laquelle le célébrant chante la *Collecte*, qu'il termine comme il convient.

Les 2 Choeurs. — *Amen.*

S'il y a encore d'autres Mémoires, tout se passe de même. Après le dernier terminé par une longue conclusion :

Le Célébrant. — *Dominus vobiscum.*

Les 2 Choeurs. — *Et cum spiritu tuo.*

Les 2 Enfants, qui sont restés jusqu'ici devant le livre de l'Aigle, *Benedicamus Domino.*

Les 2 Choeurs. — *Deo gratias.*

Le Célébrant. — *Fidelium animæ*, etc.

Les 2 Choeurs. — *Amen.*

Le Sous-Chantre entonne l'Antienne de la Vierge, selon le temps [1].

Les 2 Choeurs la poursuivent *entièrement.* (*Cér.*, p. 123.)

Le Célébrant. — Le Verset convenable.

Les 2 Choeurs. — La Réponse.

Le Célébrant. — *Oremus.....* etc.

Les 2 Choeurs. — *Amen.*

Le Célébrant. — *Divinum auxilium...* etc.

Les 2 Choeurs. — *Amen.*

II. *Matines* [2].

Le Célébrant. — *Domine labia mea aperies.*

Les 2 Choeurs. — *Et os meum annuntiabit laudem tuam.*

---

[1] C'est l'usage de terminer Vêpres par l'une de ces Antiennes qui appartiennent régulièrement à l'office de Complies.

[2] *Cérémonial*, p. 123-131.

Le Célébrant. — ***Deus in adjutorium***, etc.

Les 2 Choeurs. — ***Domine ad adjuvandum me festina. Gloria***, etc. ***Sicut erat***, etc. ***Alleluia*** ou ***Laus...*** etc.

Deux Chanoines, devant un petit pupitre au bas du chœur, vis-à-vis le pupitre de l'Aigle [1], entonnent le commencement de l'*Invitatoire*, n'en disant qu'un mot ou deux.

Les 2 Choeurs achèvent l'Invitatoire.

Les 2 Chanoines chantent posément et entièrement, par versets, le psaume ***Venite exultemus.***

Les 2 Choeurs, à chaque verset, reprennent l'Invitatoire en entier ou seulement en partie.

Après le *Gloria* et *Sicut erat...*

Les 2 Chanoines répètent le commencement de l'Invitatoire.

Les 2 Choeurs l'achèvent.

Premier Nocturne.

Le 1er Choriste entonne le premier psaume jusqu'à la moitié ; le chœur de son côté achevant, l'autre chœur chantant le deuxième Verset, et ainsi de suite alternativement.

Les 2 Choeurs chantent l'Antienne.

Le 2e Choriste entonne le deuxième psaume, et le 1er entonne le troisième, après chacun desquels

Les 2 Choeurs chantent l'Antienne convenable.

Deux Enfants de Choeur, vis-à-vis le pupitre de l'Aigle, et derrière le pupitre des Répons, chantent le Verset [2].

Les 2 Choeurs répondent.

Le Célébrant. — ... ***Et ne nos inducas in tentationem.***

Les 2 Choeurs. — ***Sed libera nos à malo.***

Le Célébrant dit l'***Absolution.***

---

[1] Ce pupitre, mobile, des Répons et des Versets, ne se plaçait qu'à l'office de Matines ; si, à d'autres offices, il fallait chanter des Répons, on mettait le livre sur un petit pupitre tenant au support du pupitre de l'Aigle. C'est ce qui se fait maintenant dans les églises qui ont conservé toutes les cérémonies, et ce que laisse entendre le *Cérémonial de Toul*, en ne parlant de ce pupitre qu'à l'office de Matines.

[2] C'est là que les enfants chantent tous les Versets et Répons qu'ils doivent chanter ; s'ils ne pouvaient cependant chanter par cœur, ils se mettraient devant le pupitre même des Répons. (*Cérémonial*, p. 126 et 127.)

Les 2 Choeurs répondent *Amen.*

Celui qui doit chanter la Leçon : *Jube, Domine, benedicere.*

Le Célébrant dit la *Bénédiction.*

Les 2 Choeurs. — *Amen.*

Après la Leçon chantée au pupitre de l'Aigle :

Les deux Choeurs répondent *Deo gratias.*

Puis :

Les 2 Enfants, qui ont chanté le Verset, et qui demeurent au même lieu jusqu'à la fin du troisième Répons, commencent le Répons, n'en disant qu'un mot ou deux.

Les 2 Choeurs achèvent jusqu'au Verset.

Les 2 Enfants chantent le Verset.

Les 2 Choeurs. — La Reprise.

On chante de même ce qui est marqué dans le bréviaire pour la deuxième et pour la troisième Leçon. Au Répons de cette troisième Leçon, après la Reprise des 2 Choeurs, les 2 Enfants ajoutent : *Gloria Patri.....* et *Spiritui Sancto*, et les 2 Choeurs répètent de nouveau la Reprise.

On observe à peu près les mêmes choses dans le *deuxième* Nocturne que dans le premier. Dans le premier, ce sont des enfants de chœur qui imposent les Antiennes, sans qu'elles leur soient intimées par les choristes. Ce sont eux qui chantent les Répons après chaque Leçon.

Dans le *deuxième* Nocturne, les choristes intiment les Antiennes aux chantres ; ceux-ci les imposent, et chantent les Répons après les Leçons, se rendant aussi devant le pupitre de l'Aigle et derrière le pupitre des Répons, ou *devant* s'ils ne savent chanter par cœur, comme cela est à désirer (*Cérém.*, p. 129). C'est le deuxième choriste qui commence le premier psaume.

Pour le *troisième* Nocturne, des chanoines ou deux des premiers dignitaires du chœur chantent les Répons après chaque Leçon, en se rendant au même livre que les chantres et les enfants. Le premier choriste entonne le premier psaume.

Le célébrant ne doit jamais chanter de Leçons (p. 127), si ce n'est la septième et son Homélie, faute de diacres ou de prêtres, à cause de l'Évangile. S'il y avait plusieurs Évangiles, le célébrant les chanterait de même.

Après le troisième Répons, le plus digne du chœur ou le célébrant, sur l'invitation d'un choriste, entonne : *Te Deum lauda-*

mus ; le chœur de son côté, achevant; l'autre chantant le deuxième Verset, et ainsi de suite alternativement.

III. *Laudes et Petites Heures*[1].

A Laudes.

Le Célébrant. — Le Verset sacerdotal.
Les 2 Choeurs. — La Réponse.

Ensuite : *Deus in adjutorium,* etc., avec les cinq psaumes et leurs Antiennes, comme à Vêpres.

Le Célébrant dit le *Capitule.*
Les 2 Choeurs. — *Deo gratias.*
Deux Enfants de Choeur, devant le livre de l'Aigle, chantent le Verset.
Les 2 Choeurs. — La Réponse.
Le Célébrant, ou *le plus digne*, impose l'antienne de *Benedictus*, entonnée ensuite par le choriste.
Et tout le reste comme à Vêpres, excepté l'*Antienne* de la Sainte Vierge.

Aux quatre Petites Heures.

Le commencement, les Psaumes, les Antiennes, les Répons, etc., se chantent comme dans les Heures précédentes. Comme il n'y a point de choristes, c'est le sous-chantre qui entonne l'Hymne et les psaumes; il n'y a d'exception qu'au jour de l'Ascension, à None, où les choristes entonnent l'Hymne et le premier verset de chacun des psaumes (p. 470), chantant ensemble avec une gravité particulière au pupitre de l'Aigle, l'*Alleluia* et le verset *Ascendens*, les deux chœurs répondant ; le tout comme on a chanté le matin avant l'Evangile, etc., suivant la coutume.

IV. *Messe*[2].

Les 2 Choristes entonnent l'*Introït.*
Les 2 Choeurs continuent jusqu'au Verset.

---

[1] *Cérémonial*, p. 131-126.
[2] *Cérémonial*, p. 218-228.

Les 2 Choristes. — La première partie du Verset.

Les 2 Choeurs. — La deuxième partie.

Les 2 Choristes. — *Gloria Patri... Spiritui sancto.*

Les 2 Choeurs. — La réponse : *Sicut erat... sæculorum. Amen.*

Le Sous-Chantre entonne le premier *Kyrie*, s'arrêtant à la première modulation, dont la fin est toujours marquée au moins par une petite barre.

Choeur du côté de l'Epître. — Achève *Eleïson.*

Choeur du côté de l'Evangile. — Chante le deuxième *Kyrie*, sans qu'il soit commencé par quelqu'un en particulier, et ainsi de suite, alternativement.

Le Célébrant entonne *Gloria in excelsis Deo.*

Le Sous-Chantre. — *Et in terrâ pax.*

Choeur du côté de l'Epître. — *Hominibus bonæ voluntatis.*

Choeur du côté de l'Evangile. — *Laudamus te.*

Ainsi, l'un et l'autre chœur chantent cette hymne alternativement par versets, comme elle est notée.

Les 2 Choeurs réunis. — *Amen* [1].

Après le *Gloria :*

Le Célébrant. — *Dominus vobiscum.*

Les 2 Choeurs. — *Et cum spiritu tuo.*

Le Célébrant. — *Oremus...*

Les 2 Choeurs. — *Amen.*

Le Sous-Diacre chante l'Epître ; après :

Les 2 Choristes. — *Alleluia*, sans le *neume.*

Les 2 Choeurs répètent *Alleluia*, et ajoutent le neume.

Les 2 Choristes. — Le verset, jusqu'au dernier mot.

Les 2 Choeurs. — Le dernier mot.

Les 2 Choristes répètent *Alleluia*, sans neume.

Les 2 Choeurs ajoutent le neume seul.

---

[1] Le *Cérémonial* ne dit pas que les deux chœurs chantent ensemble *Amen* pour le *Gloria*, ni pour le *Credo*, ni pour les *Proses ;* mais il le dit, page 53, pour les *Hymnes.* Si on le met ici pour les trois autres choses, c'est par analogie, c'est d'après l'usage de plusieurs églises, et d'après l'esprit même de notre *Cérémonial.*

S'il y a une prose, les deux chœurs n'ajoutent pas ce neume, mais aussitôt que les choristes ont chanté *Alleluia*

LE SOUS-CHANTRE entonne la prose, sans doute en faisant comme pour l'hymne, c'est-à-dire en chantant tout le premier vers, s'il n'a que six, sept ou huit syllabes, et seulement en en chantant la moitié, s'il en a plus de huit.

CHOEUR DU CÔTÉ DE L'EPÎTRE achève la première strophe.

CHOEUR DU CÔTÉ DE L'EVANGILE chante la deuxième strophe, sans qu'elle soit commencée par quelqu'un, et ainsi de suite, alternativement.

LES DEUX CHOEURS. — *Amen.*

Si c'est un Trait qu'on doit chanter, comme au mercredi des Cendres, aux dimanches de Carême, et le Répons *Adjuva nos* à quelques bénédictions, et qu'il ait trois versets, le sous-chantre l'entonne, le chœur de son côté achevant le premier verset; l'autre chœur chante le deuxième; le côté de l'Epître chante la moitié du troisième verset, et les deux chœurs ensemble achèvent l'autre moitié. Si le Trait a plus ou moins de trois versets, on chante chaque verset alternativement, le sous-chantre entonnant seulement le premier, jusqu'à la moitié du dernier verset qui est achevé par les deux chœurs réunis [1].

LE DIACRE. — *Dominus vobiscum.*

LES 2 CHOEURS. — *Et cum spiritu tuo.*

LE DIACRE. — *Sequentia...*

LES 2 CHOEURS. — *Gloria tibi, Domine.*

LE DIACRE chante l'Evangile ; après :

LE CÉLÉBRANT. — *Credo in unum Deum.*

LE SOUS-CHANTRE. — *Patrem omnipotentem.*

CHOEUR DU CÔTÉ DE L'EPÎTRE. — *Factorem cœli et terræ.*

CHOEUR DU CÔTÉ DE L'EVANGILE. — *Visibilium omnium et invisibilium.*

Et, ainsi, les deux chœurs chantent, alternativement, par versets.

LES 2 CHOEURS. — *Amen* [2].

---

[1] Page 223.

[2] Le *Cérémonial de Toul*, page 52. « On pourrait dire, à l'égard du *Credo*, qu'il serait peut-être mieux de le chanter tous ensemble, tout de suite, que de le chanter alternativement à deux chœurs, parce que, étant

LES 2 CHORISTES entonnent l'*Offertoire*[1].
LES 2 CHOEURS l'achèvent.
LE CÉLÉBRANT. — *Per omnia sæcula...*
LES 2 CHOEURS. — *Amen.*
LE CÉLÉBRANT. — *Dominus vobiscum.*
LES 2 CHOEURS. — *Et cum spiritu tuo.*
LE CÉLÉBRANT. — *Sursùm corda.*
LES 2 CHOEURS. — *Habemus ad Dominum.*
LE CÉLÉBRANT. — *Gratias agamus...*
LES 2 CHOEURS. — *Dignum et justum est.*

Après la Préface :

LE SOUS-CHANTRE entonne *Sanctus.*
LES 2 CHOEURS. — Les deux autres *Sanctus*, et le reste jusqu'au *Benedictus.*

Après l'Elévation :

LE SOUS-CHANTRE. — *Benedictus.*
LES 2 CHOEURS. — Le reste.

Pour le *Pater :*

LE CÉLÉBRANT. — *Per omnia sæcula...*
LES 2 CHOEURS. — *Amen.*
LE CÉLÉBRANT. — *Oremus... Pater noster... in tentationem.*
LES 2 CHOEURS. — *Sed libera nos à malo.*

Pour l'*Agnus*, jusqu'à la fin :

LE SOUS-CHANTRE entonne trois fois *Agnus Dei.*
LES 2 CHOEURS achèvent toutes les fois.
LE SOUS-CHANTRE. — *Domine salvum fac Regem nostrum* N.[2].
CHOEUR DU CÔTÉ DE L'EPÎTRE. — *Et exaudi nos in die, quâ invocaverimus te.*

---

la profession de foi, qui est une pour toute la terre, il semble qu'il serait à propos de marquer cette unité jusque dans son chant, sans y faire aucune division, ainsi qu'on le pratique dans plusieurs diocèses. »

[1] Voyez *Cérémonial*, p. 269 et 88.
[2] C'est un psaume ; on le chante comme tel.

CHOEUR DU CÔTÉ DE L'EVANGILE. — *Gloria... et Spiritui sancto.*
CHOEUR DU CÔTÉ DE L'EPITRE. — *Sicut erat... Amen.*
LES 2 CHORISTES entonnent la *Communion*[1].
LES 2 CHOEURS l'achèvent.
LE CÉLÉBRANT. — *Dominus vobiscum.*
LES 2 CHOEURS. — *Et cum spiritu tuo.*
LE CÉLÉBRANT. — *Oremus...*
LES 2 CHOEURS. — *Amen.*
LE DIACRE. — *Ite missa est*, ou *Benedicamus Domino.*
LES 2 CHOEURS. — *Deo gratias.*

L'*Asperges,* d'après le *Cérémonial*, doit se faire ainsi[2]:

LE SOUS-CHANTRE. — *Asperges me.*
LES 2 CHOEURS. — Le reste, jusqu'au Verset.
LE SOUS-CHANTRE. — Le Verset et le *Gloria.*
LES 2 CHOEURS. — La Réponse chaque fois.

Le prêtre, au pupitre de l'Aigle, dit ensuite le verset et l'oraison convenables, le chœur répondant.

Mais, dans la plupart des églises, il se chante comme l'*Introït*, si ce n'est que l'intonation du célébrant remplace l'intonation des choristes.

V. *Complies*[3].

LE CÉLÉBRANT. — *Converte nos Deus salutaris noster.*
LES 2 CHOEURS. — *Et averte iram tuam à nobis.*
LE CÉLÉBRANT. — *Deus in adjutorium meum intende.*
LES 2 CHOEURS. — *Domine ad adjuvandum*, etc.; *Gloria Patri*, etc.; *Sicut erat..... Amen. Alleluia* ou *Laus tibi, Domine*, etc.

LE SOUS-CHANTRE entonne *Cum invocarem*, jusqu'à la moitié du premier verset; le chœur de son côté achevant, l'autre chœur disant le deuxième verset, et ainsi, alternativement.

Après les Psaumes :

LES 2 CHOEURS. — *Alleluia* ou *Laus tibi*, etc.

---

[1] *Cérémonial*. pages 269, 228 et 88.
[2] *Cérémonial*, page 559.
[3] *Cérémonial*, page 121.

Le Sous-Chantre entonne l'Hymne, que l'on chante comme à Vêpres.

Le Célébrant dit le *Capitule.*

Les 2 Choeurs. — *Deo gratias.*

Un Enfant de choeur, de sa place. — *Custodi nos Domine*, etc.

Les 2 Choeurs. — *Sub umbrâ*, etc.

Le Sous-Chantre, après l'imposition de l'Antienne par un chantre, entonne *Nunc dimittis*, que l'on poursuit comme les psaumes de Vêpres.

Les 2 Choeurs. — L'Antienne de *Nunc dimittis.*

Le Célébrant. — *Dominus vobiscum.*

Les 2 Choeurs. — *Et cum spiritu tuo.*

Le Célébrant. — *Oremus,* etc.

Les 2 Choeurs. — *Amen.*

Deux Enfants de choeur. — *Benedicamus Domino.*

Les 2 Choeurs. — *Deo gratias.*

Le Célébrant. — *Gratia Domini*, etc.

Les 2 Choeurs. — *Amen.*

Puis l'Antienne de la Vierge, comme il est marqué à Vêpres [1].

VI. *Office des Morts.*

Il ne peut y avoir aucune difficulté dans l'Office solennel des Morts, où se trouvent tous les officiants nécessaires, pour les parties du chant propres à chacun; car la distribution en est faite de même que dans l'Office ordinaire, moins les omissions qui sont indiquées dans le bréviaire ou dans les livres de l'Office des Morts. Il suffit de rappeler l'ordre pour les Obsèques [2].

Le Célébrant. — La première recommandation : *Omnipotentis Dei*, etc.

Les 2 Choeurs. — *Amen.*

Les Chantres entonnent le premier Répons.

---

[1] Quand il y a un ou deux choristes dans le chœur, c'est à eux à entonner : *Cum invocarem,* l'Hymne, et *Nunc dimittis* (p. 55). Mais Complies ne se chantent solennellement que le saint jour de Pâques (p. 122).

[2] *Rituel*, page 587.

Les 2 Choeurs poursuivent jusqu'au Verset.
Les Chantres. — Le Verset.
Les 2 Choeurs. — La Reprise.
Les Chantres. — *Kyrie eleïson.*
Les 2 Choeurs. — *Kyrie eleïson.*
Les Chantres. — *Christe eleïson.*
Les 2 Choeurs. — *Christe eleïson.*
Les Chantres. — *Kyrie.*
Les 2 Choeurs. — *Eleïson* [1].
Le Célébrant chante la deuxième recommandation.
Les 2 Choeurs. — *Amen.*

Le second Répons se chante comme le premier.

Après la troisième recommandation par le célébrant et le troisième Répons, dont tous les Versets sont chantés par les *chantres* et les Reprises par les *deux chœurs;* après les *Kyrie* et *Christe,* chantés par les *chantres* et par les *deux chœurs*, comme après le premier Répons.

Le Célébrant. — *Pater noster.* Le reste tout bas jusqu'à : *Et ne nos inducas in tentationem.*

Les 2 Choeurs. — *Sed libera nos à malo.*

Il chante de même les versets et les prières qui suivent, et les 2 **Choeurs** répondent.

Un Chantre entonne le psaume *Miserere*, que le chœur poursuit alternativement, et le reste comme il est marqué dans l'*Ordinaire.*

VII. *Distribution, si l'on manque des officiants nécessaires.*

La distribution des différentes parties du chant, telle qu'elle vient d'être brièvement résumée, est celle que l'on suivait à la cathédrale de Toul, en supposant qu'il n'y ait point d'orgues ; et c'est celle, dit le *Cérémonial,* pages 154 et 258, que l'on doit suivre partout, et faire exécuter en tout ce qui est possible, quand on peut s'y conformer, avec une entière exactitude.

---

[1] Ou probablement suivant quelques livres :
Les chantres : *Kyrie eleïson.* — **Les 2 choeurs** : *Christe eleïson.* — **Les chantres** : *Kyrie.* — **Les 2 choeurs** : *Eleïson.*

S'il arrivait ainsi qu'on ne pût s'y conformer, le même *Cérémonial* indique encore ce qu'il faut faire, page 267 :

S'il doit y avoir des *choristes* dans le chœur pendant la Grand'-Messe, ils entonnent ensemble ce que les deux chœurs doivent chanter ensemble, comme l'*Introït*, l'*Alleluia* et son Verset, l'Offertoire, le premier *Sanctus*, le *Benedictus*, trois fois *Agnus Dei*, et l'Antienne dite Communion.

Le premier choriste entonne seul ce que l'on doit chanter alternativement à chœur divisé, comme le premier *Kyrie*, *Et in terrâ pax*, le premier verset du Trait, le premier vers de la Prose, *Patrem omnipotentem*, et la première partie du *Domine salvum* jusqu'à *Et exaudi nos*.

A Vêpres et aux autres parties de l'Office, ils commenceront les psaumes, les hymnes, les cantiques, les mémoires, entonneront l'Invitatoire, chanteront le *Venite*, les répons du troisième nocturne avec les reprises du chœur, et même les répons des deux premiers, s'il n'y a pas de clercs ou d'enfants pour les chanter.

S'il n'y a point de choristes dans le chœur, c'est le maître d'école, qui est ordinairement chantre, qui entonne et commence tout ce que le chœur doit chanter à la Grand'Messe [1].

Deux clercs au moins, un de chaque côté, entonneront les Antiennes des psaumes alternativement. Le maître d'école, du côté de l'Epître, commencera le premier, le troisième et le cinquième psaume; quelque autre, du côté de l'Evangile, commencera le deuxième et le quatrième; le maître d'école entonnera le répons, puis le verset et le *Gloria Patri;* tous les autres ensemble achevant le reste. Il commencera aussi l'hymne et le *Magnificat*, dont il aura intimé l'Antienne au célébrant pendant la réponse du petit verset; et, à la fin, il entonnera les antiennes des mémoires, s'il en faut faire. Que s'il n'y avait point de clercs ou autres, qui fussent stylés à entonner les Antiennes et à commencer les psaumes, alors le maître d'école élèverait toutes les Antiennes, et le curé commencerait tous les psaumes, les hymnes et le cantique [2].

---

[1] *Cérémonial*, pages 269, 154, 160, 270, 88.

[2] *Cérémonial*, page 158.

VIII. *Distribution, si l'on a des orgues.*

Comme il y a plusieurs églises qui possèdent des orgues, et que le jeu de l'orgue modifie plus ou moins les règles qui précèdent, il ne peut être hors de propos de rappeler l'usage auquel, en cela, on devait se conformer, d'après l'ancien *Cérémonial de Toul*[1].

En jouant, l'organiste, qui sera de préférence un clerc, aura la tête découverte, récitera dévotement les paroles pour lesquelles il touchera les orgues; et, s'il est clerc, il sera en soutane avec le surplis en été, et en chape ou en camail en hiver.

Si on doit toucher les orgues, (et on ne doit pas aux dimanches qui ont la couleur violette, ni à la Messe solennelle, aux obsèques et offices des morts, etc.), on les touche à VÊPRES, aux psaumes que l'on veut chanter en musique, à l'Hymne, au *Magnificat* et à la Réponse du dernier *Benedicamus Domino*.

A la *Messe*, on les touche aux *Kyrie* cinq fois, quand on les chante dans le chœur en plain-chant; quatre fois, quand on les chante en musique; et deux fois seulement quand les musiciens chantent les *Kyrie*, les *Christe*, et les *Kyrie* entièrement tout de suite. On les touche au neume du dernier *Alleluia* seulement, qui précède immédiatement l'Evangile; à la Prose, quand on doit la dire, et alors on ne les touche point pour le neume susdit de l'*Alleluia;* à l'Offertoire, jusqu'à la Préface; au premier et au troisième *Sanctus* jusqu'à *Sabaoth* inclusivement, quand on chante en plain-chant, le chœur poursuivant le reste jusqu'à *Benedictus;* quand on chante en musique, on ne les touche qu'une fois au *Sanctus;* on les touche après l'Elévation pour le *Benedictus*, jusqu'au *Pater;* au premier et au troisième *Agnus;* à *Deo gratias* de l'*Ite Missa est*, ou de *Benedicamus Domino;* et à *Domine salvum fac Regem*, quand on le chante après la Messe. On ne les touche point pendant l'Elévation, ni au *Gloria in excelsis*, ni au Graduel, ni au Trait, ni au *Credo;* c'est le chœur qui chante entièrement toutes ces choses, comme on a déjà dit[1].

Tout le chœur ensemble chante alternativement avec l'orgue

---

[1] *Cérémonial*, pages 60-62

par versets ou par strophes, les psaumes (quand on les chante en musique), les Hymnes, les Proses, les Cantiques, les Antiennes de la Vierge que l'on dit après Complies, et, à la Messe, ce que l'on a marqué ci-dessus.

Les orgues *commencent* toujours, excepté le *Te Deum.*

Elles finissent aussi toutes les Hymnes, toutes les Proses, soit pour la dernière strophe, soit pour *Amen*, si le chœur avait chanté la dernière.

Pour les quatre Antiennes de la Vierge, l'orgue commence et le chœur poursuit alternativement par verset. Voyez, pour le reste, le *Cérémonial* lui-même.

Les postures à tenir étant une chose très-importante pour la distribution régulière du chant, le résumé suivant en est fait par le même *Cérémonial* [1] :

Pour ce qui regarde les postures et situations du clergé, elles sont suffisamment décrites dans la même partie, chapitre IX. On est assis depuis le commencement de l'Epître jusqu'à l'Evangile; on est à genoux depuis la fin de la Préface jusqu'à ce que l'on chante l'Antienne de la communion; à tout le reste, on est debout, un chœur tourné vers l'autre, on se tourne néanmoins vers l'autel pendant le *Confiteor* et la bénédiction, et vers le livre pendant le premier Evangile.

A l'égard des postures du chœur, les clercs se conformeront à ce qui est marqué ci-devant pour le clergé des grandes églises. Mais pour le peuple, il est à genoux pendant la confession; il est assis pendant l'*Introït*, les *Kyrie* et le *Gloria in excelsis;* il est debout pendant les Collectes; il est assis pendant l'Epître, le Graduel, l'*Alleluia* et son verset, le Trait et la Prose; il est debout pendant l'Evangile; il est assis pendant le *Credo* et le reste jusqu'à la Préface; il est debout pendant la Préface; il est à genoux depuis la fin de la Préface jusqu'à la Communion; il est debout à tout le reste, hors qu'il se met à genoux pour recevoir la bénédiction du célébrant; il est découvert pendant toute la Messe.

Pour plus de détails, voyez les pages 70-76.

[1] Pages 229 et 270

CHAPITRE DIXIÈME.

Règles pour la composition du Chant.

Il ne s'agit ici que des règles pour la facture matérielle d'une pièce de chant. Les autres ne s'enseignent pas, et les premières mêmes reposent, pour la plupart, plutôt sur la tradition constante et l'usage de tous les symphoniastes habiles, que sur des principes essentiels tirés du système du plain-chant.

1° Quand on aura fait choix du mode que l'on croit le plus convenable pour exprimer les paroles sur lesquelles il s'agit d'établir un chant, on se renfermera dans l'octave de ce mode que l'on ne dépassera ni en haut ni en bas, et on en suivra les progressions naturelles, en montant, en descendant et en appuyant, sans se permettre, en aucun cas, de passer à un mode différent. Si le morceau n'est pas très-étendu, il n'est pas nécessaire de parcourir toute l'octave; il est mieux de se renfermer dans la quinte inférieure, supérieure ou moyenne.

2° On *commencera* le morceau par une note quelconque, mais de préférence par la tierce, la quinte, la dominante ou la finale du ton. En particulier, les tons premier, deuxième et troisième commencent d'ordinaire par leur finale ou par leur tierce; le quatrième par la tierce au-dessous de la finale, ou par la finale même ou par la note qui est immédiatement au-dessus ou au-dessous; les cinquième et sixième par la finale; le septième par la finale ou par la dominante; le huitième par la finale ou par la note au-dessous.

En *continuant* le morceau, on reviendra souvent sur la *finale* plus souvent sur la *dominante* qui sont les deux notes *essentielles*. La finale sert de repos à l'oreille, et la dominante est, en quelque sorte, un point d'appui autour duquel les autres notes ne doivent faire que comme onduler, au-dessus quelquefois, et plus souvent au-dessous. On peut encore revenir plusieurs fois sur les médiantes ou tierces au-dessus de la finale, faire quelque repos sur les secondes parfaites, au-dessus de la finale, et au-dessous dans les tons plagaux; de même au-dessous de la dominante, excepté dans le cinquième et dans le huitième mode, à cause du *si;* enfin, sur la dernière note de l'octave, quelquefois en bas, rarement en haut.

On *terminera toujours* par la *finale* du ton, la seule qui satisfait l'oreille et donne le sentiment de terminaison.

3° En aucun cas, on ne mettra de bémols ou de dièses à la clef, car ils sont essentiellement étrangers au système musical du plain-chant. On ne les emploiera que par accident et dans les cas dont on a parlé plus haut.

4° On évitera d'employer l'intervalle appelé de fausse quinte, composé de deux tierces mineures comme : *mi si* bémol. On en fera autant pour l'intervalle de *sixte* comme : *ré si* bémol, intervalle qui ne se trouve pas dans le chant romain qui ne dépasse jamais les *quintes*. En aucun cas, on n'emploiera l'intervalle de *septième* comme : *ré ut* qui est extrêmement dur; — à plus forte raison, on ne fera pas usage d'intervalles plus élevés.

5° On fera en sorte que, soit en descendant, soit en montant, les notes s'appellent et se demandent les unes les autres, et forment comme un enchaînement facile que la voix parcourt naturellement.

6° On se conformera avec exactitude aux règles de *l'accentuation*, pour la distribution des notes longues ou brèves.

L'usage et la gravité du plain-chant ont déterminé ainsi l'application de ces règles.

1° Pour les *pièces ordinaires*, quand l'accent tonique est reculé sur la troisième syllabe, la deuxième reçoit une note brève ; exemple : *Dóminus, dulcédinis; Vírginis, conturbátum est; mi, di, gi, tum,* reçoivent une note brève.

Il est très-rare de donner aux autres syllabes, quelles qu'elles soient, une autre note qu'une ou plusieurs *carrées* qu'elles peuvent *toujours* recevoir, ou plusieurs brèves, mais par degrés *conjoints*, en montant ou en descendant. Si elles reçoivent une seule *brève*, ce ne peut être que quand, n'ayant pas l'accent, elles sont prosodiquement brèves elles-mêmes, et mieux quand elles le sont *naturellement* comme *ti* dans *resurrectionis* et *ri* dans *esurientes.*

2° S'il s'agit des *Proses* et des *Hymnes*, les anciennes n'étaient pas notées autrement, comme on peut le voir dans : *Victimæ paschali laudes; Inviolata; Ut queant laxis; Creator alme siderum.* Toutes pièces qui avaient leurs notes, sans distinction de longues ou de brèves.

Cependant, les paroles de la prose *Veni sancte Spiritus* du jour de la Pentecôte sont cadencées, en recevant pour chaque syllabe, alternativement, une note longue et des notes brèves.

Cet exemple, en supposant qu'il fût d'origine légitime, a été imité en France au point qu'il y a des diocèses où il n'y a pas une seule Hymne ou une seule Prose qui n'ait reçu cette allure *cadencée*.

Quoiqu'il en soit, dans ces sortes de chant, qui demandent d'être employées avec une excessive réserve, ce sont les paroles qui se plient aux rhythmes du chant, et on les applique sans aucune attention à la quantité des syllabes. Il a été plus souvent d'usage, depuis l'introduction, dans le bréviaire, des Hymnes de *Santeuil* et de *Coffin*, de distribuer les notes longues et brèves, en se conformant à la quantité poétique.

7° On donnera à chaque morceau le caractère qui lui convient, suivant le temps, suivant la solennité, suivant les parties de l'Office.

Pour la Messe, le chant sera plus grave, plus nourri, plus solennel, plus majestueux, en faisant néanmoins une différence sensible entre les différentes pièces.

L'*Introit* aura de la grandeur et de la gravité, car, il est le prélude du Sacrifice.

Le Graduel et l'*Alleluia* procéderont par cadences régulières et nourries, par reprises faciles et habilement ménagées, par une allure animée et joyeuse, mais avec modération ; car, ils sont à la fois une pieuse méditation sur l'Epitre qu'on vient de lire, et une joyeuse préparation à l'Evangile qu'on va chanter.

L'Offertoire ne marchera qu'avec poids et gravité ; les progressions en seront mélodieusement lentes et respectueuses, pleines de sonorité, mais sans éclat, pleines d'énergie, mais de cette énergie qui recueille et ne distrait pas ; car, tout doit y répondre à la majesté du Dieu dont le sacrifice commence à se renouveler.

La Communion aura quelque chose de coulant, d'animé, de gracieux ; car, c'est un chant d'actions de grâces après le saint Sacrifice.

Les autres morceaux, savoir : les *Kyrie*, les *Gloria*, les *Credo*, les *Sanctus*, les *Benedictus* et les autres pour les différentes parties de l'Office, auront le caractère que chacun leur indique facilement.

8° On comprendra bien le sens des paroles, pour y conformer l'application des notes, pour ne pas faire de contre-sens dans les repos, les reprises et les chutes, pour ne pas mal à propos séparer l'adjectif du substantif, ni le régime du verbe.

L'artiste chrétien devinera facilement les autres conditions que doit remplir le chant ecclésiastique.

Il est cependant un point sur lequel encore il convient d'appeler les réflexions.

Il y a un très-grand nombre de pièces de plain-chant *moderne*, dans lesquelles on a essayé de peindre, par le chant, chacune des paroles d'une phrase donnée. Rencontre-t-on des mots qui prêtent à l'imitation comme : *ascendere*, *descendere*, *infernum*, *mortui*, etc., on est sûr de monter du haut en bas de la gamme et *vice versâ;* ou de moduler dans les notes les plus basses, quelquefois même de détonner; le tout pour *peindre* les mots cités plus haut.

C'est là un emprunt fait à la musique moderne qui est toute d'imitation.

Nous dirons avec franchise notre manière de voir sur ces imitations, qui sont universelles dans certains livres de chant, et conseillées par plusieurs méthodes.

Dans les pièces inimitables que nous a laissées l'Antiquité chrétienne et qui ont déjà été citées plusieurs fois; dans *Palestrina*, *Bai*, *Allegri*, on chercherait vainement ces imitations, excepté dans un *Miserere* de *Baini*. Dans tous ces morceaux, on sent que l'auteur s'est profondément inspiré de *l'ensemble* de son sujet, non pas tant quant aux mots, ni même quant aux idées, que quant aux *sentiments*. On sent que son âme déborde d'un sentiment *unique* qui fait le fond de tous les autres, et qu'elle a besoin de le manifester avec suite sans s'embarrasser du détail des mots. Ce qu'ils sentent, ces artistes, et ce qu'ils veulent exprimer, ce sont des émotions d'ensemble, des émotions qui vont au cœur et non pas seulement à l'esprit.

Aussi, dans toutes ces pièces, les notes se suivent à la fois avec tant d'art et de naturel que la précédente fait toujours désirer la suivante. C'est un enchaînement tellement bien ménagé que le commencement appelle le milieu, celui-ci la fin, que tous les sons concourent à l'expression du sentiment général qui se développe avec une uniformité *ascendante* jusqu'à la fin.

Il n'y a pas de doute que ce ne soit là le principal du chant et qu'à ce point de vue, le simple *Stabat* ordinaire que chante l'Eglise, l'emporte de beaucoup sur le fameux *Stabat* de *Rossini* et même de *Pergolèse*.

Il ne suit pas de là qu'il faut rejeter les imitations des paroles par le chant ; mais il faut ne les admettre que comme on admet l'accessoire dans le principal, c'est-à-dire seulement quand elles pourront concourir à l'expression du *sentiment d'ensemble ;* quand elles pourront, sans effort, s'enchevêtrer dans la mélodie, et, toujours, avec la plus grande réserve.

Faire autrement, c'est-à-dire faire des imitations le principal du chant, se trainer, quand il n'y en a point ou qu'on n'en trouve pas à faire, sans caractère fixe ; c'est s'éloigner des meilleurs modèles, c'est composer un chant qui n'aura d'unité ni dans la composition ni dans la mélodie ; c'est oublier que le chant est avant tout l'expression des sentiments ; c'est oublier qu'il ne s'adresse pas à l'imagination, mais au cœur ; c'est oublier que l'on doit frapper non par une imitation théâtrale, mais par une mélodie calme, tranquille et pourtant dans l'ensemble expressive. D'autre part, il est le meilleur moyen de faire sentir le travail du compositeur, de faire voir que celui-ci n'avait pas l'inspiration dans le cœur, mais dans la tête, de mettre les chanteurs à la piste des imitations, et de faire par là, de la chose la plus sublime du culte catholique, une espèce de jeu d'esprit, et pour celui qui compose, et pour celui qui chante, et pour celui qui écoute [1].

---

[1] Il y a quelques pièces rares anciennes qui ne sont pas entièrement conformes à ces règles, en particulier à la première, comme : le *Lauda Sion*, le *Victimæ*. On peut bien dire : ce n'est pas ce qui en fait la beauté ; le génie a créé ces pièces, le talent doit les admirer et les conserver, mais il perdrait sûrement sa peine en cherchant à les imiter en cela.

Pour avoir une idée plus juste du religieux respect qu'il faut avoir pour la conservation des paroles et des chants antiques, des précautions qu'il faut prendre avant de rien changer, des conditions que doivent avoir les paroles et le chant, de la sainteté dont il faut être revêtu pour choisir les unes et composer l'autre, en un mot de tout ce qu'il faut pour composer du plain-chant, voyez la réponse de saint *Bernard* à *Gui* d'Arezzo, qui lui demandait qu'il lui composât un office de saint *Victor*.—Lettre 398.

CHAPITRE ONZIÈME.

De l'accompagnement du Plain-chant et de son remplacement, dans les Offices de l'Eglise, par la Musique moderne.

On entend ici par *accompagnement* un chant vocal ou instrumental, qui se fait *simultanément* et *harmoniquement* avec un autre, pour le soutenir ou pour l'embellir.

On entend par *musique moderne*, ces chants composés d'après le système dont on a donné une idée au commencement de ce livre, c'est-à-dire, ces chants dans lesquels on emploie des gammes altérées par des dièses ou par des bémols posés *régulièrement* et par *ordre* à la clef ou *accidentellement* dans le cours du morceau; ces chants qui ne sont point soumis aux règles du plain-chant de ne point changer de ton dans le courant d'une pièce et de ne point dépasser, en haut ni en bas, les huit notes du ton adopté; enfin, ces chants qui admettent une grande variété de *durée* dans les sons et règlent *catégoriquement* leur marche, d'après une mesure qui varie de caractère avec la plupart des pièces, et quelquefois avec les différentes parties de la même.

Le plain-chant peut être accompagné de plusieurs manières, dont quatre principales :

1° Par *le chant sur le livre*. Cette manière consiste à composer et à chanter *impromptu* une ou plusieurs *voix d'accompagnement vocal*, sur la seule partie notée qui est chantée en même temps, et cela, en faisant des *fugues*, des *triolets*, des *appogiatures*, des *répétitions*, etc. Cette manière a été et est encore en usage dans plusieurs cathédrales.

2° Par ce qu'on appelle *faux-bourdon*. Cette manière consiste à chanter, en harmonie avec la partie notée, des accords simples, faciles, procédant sans mesure *marquée*, toujours avec des notes égales et une marche parfaitement simultanée. On emploie cette manière dans la plupart des grandes églises, principalement pour le chant des psaumes.

3° Par l'*orgue*.

4° Par d'autres instruments, comme le *serpent*, l'*ophicléïde*, etc.

Avant de rien déterminer sur ces questions du plus haut intérêt, en commençant par l'accompagnement *vocal*, il convient d'apporter de part et d'autre quelques unes des principales raisons.

D'un côté, l'histoire de l'origine et de l'emploi habituel du plain-chant, la considération de sa nature et de son système harmonique, tout prouve qu'il est *mélodique* par essence, c'est-à-dire doit être chanté à *l'unisson*, sans aucun mélange *d'accords*.

Si l'on juge par l'effet produit, il faut convenir qu'il n'est pas possible d'entendre quelque chose de comparable au *Parce*, à *l'Ave verum* chantés à l'*unisson*, dans une retraite ecclésiastique, par deux cents prêtres ; ou au *Magnificat* chanté à l'*unisson*, à deux *chœurs* qui se répondent, par une communauté de pieux séminaristes qui rencontrent dans leurs promenades un sanctuaire vénéré. Oui, certes, quatre belles cloches qui sonnent à grandes volées, cela est magnifique ; mais le *bourdon* de Reims est sublime. Il est, dans la musique instrumentale, ce qu'est l'*unisson* de cent ou de deux cents voix dans le plain-chant.

Aussi, un des plus habiles et des plus modérés prétendus réformateurs du plain-chant écrivait-il[1] : « Le faux-bourdon a ses agréments ; il faut cependant convenir qu'il tient moins de la gravité et de la majesté si convenables dans l'Office divin, qu'un unisson ou un accord uni de toutes les voix, une vraie *homophonie ;* » et M. le chevalier *Bard*, membre de la Société romaine d'Archéologie, demandait-il, il y a peu de temps, devant une assemblée nombreuse, avec des applaudissements nombreux, le retour à l'exécution pure et *homophone* du plain-chant. Avant eux, *Benoît XIV* avait dit[2], après avoir expliqué ce qu'il entend par plain-chant ou chant grégorien : « C'est ce chant qui excite à la piété et à la dévotion les cœurs des fidèles ; c'est lui qui, étant exécuté bien et décemment dans les Eglises de Dieu, est entendu avec complaisance par les hommes pieux ; c'est lui qui est à bon droit préféré (*meritò præfertur*) à cet autre qu'on appelle *harmonique ;* » et saint *Antonin*[3] : « Le plain-chant a été introduit dans les divins offices par de

[1] *Poisson*, p. 76.

[2] Dans sa bulle célèbre.

[3] Summa. Part. III, tit. 8, chap. 4.

saints docteurs, comme saint *Grégoire*, saint *Ambroise* et autres; le chant à plusieurs voix, qui l'a introduit? je l'ignore, mais il est plus propre à servir la sensualité des oreilles que la dévotion, quoique cependant, en l'entendant, une âme dévote puisse en retirer quelque fruit. Un témoignage plus récent, et non moins frappant, est celui du célèbre *Frédéric Hurter*[1] : « Si, d'un côté, dit-il, on faisait les plus grands efforts pour introduire ces premiers chants (chants à plusieurs parties) aux dépens du dernier (celui à l'unisson) qui était plus *sérieux* et plus *solennel*, de l'autre, les Papes, qui voulaient que la *dignité* du chant demeurât intacte, ne négligeaient rien pour prévenir cette usurpation. »

D'un autre côté, cependant, si, dans les saints Pères, on trouve trop peu de chose sur le chant à plusieurs voix pour qu'on puisse affirmer qu'à cette époque, aussi bien que chez les Grecs, cette espèce de chant était connue, il est vrai de dire que les écrits de *Boèce* et de *Cassiodore* au VIe siècle, d'*Isidore* d'Espagne au VIIe, d'*Aurelianus* et de saint *Remi* d'Auxerre au IXe, de *Nokter* et surtout du moine *Hucbald* au Xe, du moine *Gui* d'Arezzo au XIe, des moines *Bernon* et *Herman* au XIIe, d'*Oddon*, abbé de Cluny, au XIIIe, puis, enfin, d'*Elias Salomon*, et de *Jean de Muris*[2], sur la fin du XIIIe et au commencement du XIVe siècle, renferment des preuves non équivoques que, durant ces siècles, on connaissait l'exécution du chant à plusieurs *parties*. Tous, en effet, parlent de la concordance *simultanée* de plusieurs voix fortes et aiguës, nomment chacune des voix, avec les défauts qu'il faut craindre dans leur emploi simultané.

L'un d'eux, le célèbre *Hucbald*, après avoir défini l'harmonie : *une permixtion rationnelle et concordante de plusieurs sons*, explique fort au long, quoique d'une manière peu compréhensible pour nous, la notation du chant, entre dans de longs détails sur les huit tons et la manière de les accompagner, par ce que nous appelons *faux-bourdons*, examine les règles des accords, quelles sont les notes qui peuvent ou non sonner ensemble dans l'harmonie,

---

[1] Tableau des institutions et des mœurs de l'Eglise au moyen-âge. Vol. III, p. 481.

[2] Voyez, entre autres témoignages, *De Musicâ sacrâ*, par *Gerbert*, et *De Scriptoribus Mus. sac.*, Ier vol., p. 24, 31, 78, 95, 103, 271; IIe vol., p. 21. 65; IIIe vol., p. 57, 190.

pourquoi il y a des accords consonnants et des accords dissonnants, etc.

Il résulte d'ailleurs des savantes recherches qui ont été faites sur ce sujet, spécialement par MM. *Caussemaker* et *Fétis*, que ces accords étaient seulement des accords de tierce, de sixte, de quarte ou de quinte qui se suivaient constamment dans toute l'étendue du morceau.

Il suit alors de ces renseignements que, depuis l'organisation du plain-chant jusqu'à l'introduction du système musical moderne, on a connu et pratiqué le chant à plusieurs voix concordantes, et que le *faux-bourdon* a, par-là, indépendamment de la manière quelconque dont on peut en apprécier l'utilité, la sanction des siècles.

Appuyés ainsi de l'autorité du passé ; appuyés des permissions (comme on le verra un peu plus loin) des Souverains Pontifes et des conciles, de l'usage encore existant de l'Eglise romaine dans les solennités que tout le monde connaît, de la Semaine-Sainte, où l'on ne chante guère que ce que l'on peut appeler les faux-bourdons de *Palestrina;* appuyés de l'autorité de plusieurs maîtres distingués ; convaincus, du reste, que des *faux-bourdons* bien et décemment composés ne peuvent qu'être utiles à la piété des fidèles, nous serons assez sévères, 1° pour regarder comme un *machichotage* d'invention peu décente le chant sur le livre ; mais aussi, moins sévères que plusieurs autres ; 2° nous ajouterons avec le pape Jean XXII[1] :

« Nous n'entendons pas empêcher que quelquefois, surtout les jours de fêtes, pendant le Sacrifice de la Messe, on ne fasse entendre quelques accords mélodieux comme : de octave, de quarte, de quinte ou de semblables, posés sur le chant ecclésiastique simple, de manière que l'intégrité du chant lui-même demeure sans atteinte, et qu'ainsi il n'y ait rien qu'un chant bien convenable, rien surtout qui ne satisfasse l'oreille, n'excite à la dévotion et n'empêche les cœurs de ceux qui chantent les louanges de Dieu de se livrer à la tiédeur. »

Il est bien entendu que ces accords doivent être convenablement préparés et exécutés.

Ce qu'on vient de lire regarde l'accompagnement *vocal;* ce qu'on va lire regarde l'accompagnement *instrumental.*

---

[1] *Extravang.* Lib. III, tit. I. Avenione, 1322.

Beaucoup de saints Pères, parmi lesquels il faut ranger saint *Ambroise*, saint *Hilaire*, saint *Basile*, saint *Augustin*, saint *Chrysostôme*, saint *Clément* d'Alexandrie, ont gravement improuvé la musique instrumentale. Selon eux, elle n'est capable que d'amollir les cœurs et de distraire les esprits; elle n'a été tolérée chez les Juifs qu'à cause de la dureté de leurs cœurs; la voix humaine est seule digne de célébrer les louanges de Dieu; chez les Chrétiens, elle seule, et encore avec réserve et humilité, doit oser se faire entendre.

Cette sévérité, motivée certainement par les abus de la musique païenne et la crainte des dangers pour la piété des nouveaux fidèles, ne tarda pas à recevoir quelque adoucissement. En effet :

La plupart des auteurs qui, dès le VIe siècle jusqu'au XIIIe, ont écrit sur le chant, parlent des différents genres d'instruments de musique employés à l'Eglise. Ils les partagent en trois classes, ceux que l'on *frappe*, ceux que l'on *tend*, ceux dans lesquels on *souffle*. Ils donnent même souvent à leur réunion complète le nom d'*organum*, orgue; c'est à peu près, comme nous disons maintenant, *orchestre*. Mais on n'a pas une idée juste de la nature ni de la valeur harmonique de ces instruments. Tout ce que l'on sait, c'est que l'Eglise en a toujours environné l'emploi de précautionneuses prohibitions, et qu'elle a toujours donné la préférence à ceux qui avaient une sonorité *uniforme*.

Cependant l'orgue était connu depuis longtemps. Une lettre de saint *Jérôme* fait croire à plusieurs auteurs qu'il était même connu des Juifs. Après différents essais, *Clésibius*, chez les Grecs, perfectionna l'orgue hydraulique inventé par *Archimède*, d'après *Tertullien*. Le même orgue était employé dans les fêtes du peuple romain; mais ce ne fut probablement que vers le IXe siècle qu'il fut introduit en Occident. Là, l'orgue pneumatique parut d'abord. Dès le IVe siècle, saint *Augustin* en parle. Avant lui, on croit en reconnaître dans les mains des peintures qui ornent les Catacombes de Rome [1]; mais ce n'est guère qu'au VIIIe siècle que l'usage en devint plus général, principalement en France, par l'envoi qu'en fit au roi *Pépin* l'empereur *Constantin*.

L'orgue prit, dès le XIIe siècle, de plus grands développements. Il absorba, en les perfectionnant, tous les autres instruments de

[1] *Bosio. Roma subterranea.*

musique ; mais aussi, dès le XIIIe siècle, quand commença à s'opérer cette sublime récapitulation et transformation de tous les instruments dans lui et par lui, si l'on s'en rapporte au témoignage d'*Ægidius*[1], tous furent bannis de l'Eglise, et l'orgue *seul* fut employé dans les divers chants Proses et Hymnes.

Plus tard, le cardinal *Bellarmin*[2], le cardinal *Cajetan*[3], le cardinal *Baronius*[4], le cardinal *Bona*[5], *Suarez*[6], s'expliquant sur la convenance de l'orgue lui-même dans les Eglises, consentent à le tolérer, mais seulement en faveur des chrétiens tièdes, charnels, imparfaits, et à la condition formelle que son jeu sera toujours capable d'exciter l'amour de Dieu et de rappeler les joies de la céleste Jérusalem.

Comme si la Chapelle papale, si célèbre dès le temps de *Charlemagne*, avait voulu ajouter encore à cette sévérité, ou au moins la sanctionner, jamais elle n'a admis aucun instrument, même l'orgue. Les chants si justement célèbres que l'on y entend durant la Semaine-Sainte, même aujourd'hui, n'ont aucun accompagnement. La principale église du monde, Saint-Jean de Latran, n'a jamais entendu résonner aucun instrument, et ce n'est qu'en 1842 que l'Eglise de France qui a le mieux conservé les traditions, Lyon, a fait l'acquisition d'un orgue.

N'est-il pas bien convenable, en effet, que la voix humaine, étant, sans aucune comparaison, le plus beau, le plus pathétique de tous les instruments, et, si l'on peut parler ainsi, le seul intelligent, joue, sinon l'unique, au moins le principal rôle quand le chrétien rend ses devoirs à son Dieu ? N'est-il pas naturel que si elle se sert d'instruments, ce soit, comme une maîtresse de sa servante, pour s'embellir ou se soutenir, jamais ou presque jamais pour lui céder sa place ? N'est-il pas naturel aussi, ou plutôt n'est-il pas d'une convenance religieuse que si, en partie par condescendance à notre tiédeur, l'Eglise permet l'usage d'instruments de musique, on choisisse exclusivement celui-là qui, par la douceur, la puissance, la majestueuse placidité de son jeu, est le plus capable d'exciter à la

[1] *Gerbert*, IIe vol., p. 388.
[2] *Controver.*, lib. 1.
[3] *In Summâ. In verbo* ORGANUM.
[4] *Ad annum J.-C.*, 60.
[5] *De Divinâ Psalmodiâ*, ch. 17.
[6] *Tract. de Rel.*, lib. 4.

piété, représente le mieux la voix de Dieu et les accords des anges quand il répond seul aux chants des Fidèles, et se marie le mieux à la voix de ceux-ci en exprimant mieux les sentiments de leurs cœurs. Ne serait-ce pas une sorte d'impiété que de se servir, pour accompagner des voix qui ne doivent faire entendre que des paroles et des chants qui recueillent l'âme, la détachent de la terre et la reportent au ciel, d'instruments bruyants qui excitent les passions au lieu de les apaiser, distraient au lieu de recueillir, reportent l'imagination vers des choses profanes au lieu de l'en détacher, et ne causent pas un plaisir différent de celui que l'on éprouve dans les assemblées mondaines.

Or, l'orgue est le seul instrument que l'on n'emploie pas pour exprimer les passions naturelles, le seul assez puissant pour n'être jamais au-dessous de la voix de la multitude, le seul qui, par nature, soit tour à tour grand, majestueux et doux, le seul à la fois recueillant, pieux et saintement passionné, le seul, en un mot, tout le monde en convient, qui soit digne du chrétien, de l'Eglise et de Dieu.

Mais si des saints Pères, en si grand nombre et d'une autorité si grande, ont montré tant de sévérité pour la musique instrumentale; si l'Eglise, défiante et précautionneuse à l'égard de ce genre de musique, a toujours donné la préférence à l'orgue; si l'orgue lui-même n'a pas été admis, ou ne l'a été que par faveur, dans les Eglises qui, aussi dans le chant, peuvent être appelées mères et maîtresses des autres; s'il est de la plus haute convenance qu'à l'église la voix humaine soit le principal instrument; si, cependant, un accompagnement convenable, soumis quant au mode et quant au temps à des règles certaines, ne peut qu'être très-utile pour le chant qu'il règle, qu'il maintient et qu'il embellit, et pour la piété; si, enfin, l'orgue est l'instrument qui remplit le mieux et l'on peut dire exclusivement les conditions de cet accompagnement, qui encore pourrait différer de s'en tenir sans restriction comme au parti le plus sage, si ce n'est le seul,

1° A l'injonction du *Cérémonial des Evêques*[1] voulant qu'on éloigne des églises tous les instruments, excepté l'orgue.

2° A l'avis de *Benoît XIV*[2] qui, réglant le caractère que doit

---

[1] Tome Ier, p. 323.
[2] *Bullarium*, II vol., p. 9 et seq

avoir l'accompagnement de l'orgue, appelle vain, inutile, défendu, prohibé, l'usage de faire un accompagnement qui couvre la voix des chantres et ensevelisse le son des mots, et d'après lequel ainsi l'orgue d'accompagnement doit toujours être assez faible pour ne pas étouffer, par la puissance de son harmonie, les voix qu'il doit seulement soutenir.

D'après cela, le serpent et l'ophicléïde, tous deux d'invention très-moderne, pourraient cesser de se faire entendre. Cependant dans les grandes églises qui manquent d'orgue accompagnateur, cette mesure peut-être ne serait pas opportune; mais alors on ne devrait, croyons-nous, employer ces instruments que pour donner la première note de chaque morceau, afin que l'on conserve constamment le même ton, sans jamais leur permettre d'accompagner le chant peut-être même à l'unisson, car ils l'alourdissent et le rendent en réalité plus fatigant à chanter et rauque à entendre, ni à plus forte raison de l'accompagner en sorte de faux-bourdon, car ils le défigurent.

S'il y a un orgue accompagnateur, ces instruments deviennent parfaitement inutiles. Nous exprimons le vœu, dit M. *Fétis* [1], que le serpent et l'ophicléïde, ces instruments barbares avec lesquels il n'y a pas de bonne exécution de chant possible, disparaissent de nos églises.

Il va sans dire que le même sort doit être réservé aux *basses*, *contre-basses*, *violons*, *violoncelles* de toute sorte, en un mot, à tout cet attirail d'instruments d'*airain*, ou à *cordes*, dont on se sert pour l'accompagnement habituel du chant, ou au moins pour l'accompagnement de messes musicales aux jours de fêtes. Tous ces instruments, en usage dans plusieurs églises de la capitale, trop souvent prise pour modèle en cela comme en quelques autres choses, ne sont propres qu'à justifier le reproche trop souvent mérité qu'on nous a fait de transporter le théâtre dans le lieu saint.

Faut-il infliger le même bannissement à tous ces instruments de récente invention dont les journaux vantent tant les effets, si connus sous le nom général *d'orgues expressives*, et souvent appelés *harmonium*, *orchestrium*, *mélodium*, ou d'autres noms qui changent fort peu de chose au mérite intrinsèque de l'instrument?

Une sonorité remarquable, un caractère de sons s'approchant,

---

[1] *Méthode de Chant*, préface, p. 11

quoique de bien loin, de celui des sons de l'orgue, un transport et un logement faciles, et par-dessus tout un prix comparativement modique, voilà autant de raisons bien fortes pour des églises petites, pauvres, désireuses, avec cela, de bien organiser leur chant. Nous ne sommes pas, du reste, de ceux qui rejettent une chose, par la *seule raison* qu'elle est nouvelle : sous le soleil, il n'y a rien de vieux qui n'ait d'abord été nouveau.

Cependant, convient-il beaucoup de sanctionner l'à-propos d'un instrument qui simule en petit, je le veux, les sons de l'orgue, mais qui les altère fondamentalement par le caractère de *forte* et de *piano* qu'il réalise? Convient-il beaucoup de faire descendre à l'église un instrument qui s'affiche si ouvertement comme meuble de salon ; car, chose frappante, un des plus célèbres fournisseurs de ces instruments les vend sous ce titre : orgue MÉLODIUM pour *églises*, *chapelles* et SALONS [1].

Peut-on croire que cet instrument aura assez de gravité et de sainteté pour l'église, qui a assez de légèreté et de mondanité pour le salon? S'il convient ici, conviendra-t-il également là?

Pour ces diverses raisons, il est difficile de prendre un parti. Le meilleur serait peut-être de laisser, en attendant, ces instruments au salon où ils sont si bien à leur place. Cependant, dans les églises qui n'ont pas assez de revenus pour se procurer un véritable orgue, il paraît qu'elles peuvent avec convenance et profit se servir d'un orgue expressif, pourvu que ce soit seulement pour accompagner le chant du chœur ou de la nef, mais jamais pour le laisser entendre seul, car, alors, même dans une petite église, si l'on en croit beaucoup de personnes qui en ont fait l'expérience, le jeu en est maigre et peu digne de la majesté du lieu saint. Quoiqu'on s'en serve comme instrument accompagnateur dans beaucoup d'églises de Paris, ce n'est pas une raison pour ne pas dire, qu'à notre avis, une cathédrale ou une grande église ne peut pas, avec décence, se contenter même pour orgue accompagnateur, d'une aussi chétive représentation. Là, l'orgue expressif devient *piano*, de tous les instruments le plus radicalement incapable du style religieux [2].

---

[1] Voyez plusieurs numéros de l'*Univers*, entre autres celui du 1er novembre 1845.

[2] Pour l'accompagnement convenable du plain-chant par l'orgue, il est

Il ne reste plus qu'un mot à dire sur le remplacement du plain-chant, par de la musique moderne, dans les Offices de l'Eglise. Pour ne pas être exposé à tirer des conclusions hasardées dans une matière aussi grave et aussi délicate, on va laisser parler sur l'usage de la musique moderne par comparaison avec le plain-chant, d'abord le pape *Jean XXII*, l'Ancienne Liturgie romaine, le Concile de Trente, puis une autorité d'un autre genre, *Jean-Jacques Rousseau.*

---

de la plus haute importance que l'on connaisse les relations qu'il y a entre les tons de l'orgue et les tons du plain-chant.

En effet, autrefois l'organiste accompagnait le plain-chant par de simples accords de tierces, de quartes ou de quintes, mais sans nulle attention aux passages d'un ton dans un autre. Il arrivait donc qu'après tous les accords convenables à chacun des huit tons, il y avait des sons qui n'étaient jamais employés; il arrivait qu'il n'était point nécessaire de faire usage du *tempérament* pour accorder un orgue, car on rejetait toutes les imperfections de l'accord sur les sons non employés; et que, par suite, il était impossible de jouer un morceau écrit dans le système moderne ayant beaucoup de dièses et de bémols à la clef.

Mais bientôt les organistes et les facteurs d'orgue firent usage du tempérament. On accorda l'orgue suivant le système complet de la tonalité moderne, mais en général un ton plus bas que le diapason ordinaire, et maintenant l'orgue n'accompagne jamais le chant qu'en employant cette tonalité.

Il suffit, pour établir entre l'emploi des deux tonalités une fusion qui n'altère en rien la gravité du plain-chant, de n'employer sur l'orgue, pour préluder et surtout pour la fin du prélude, que les tons modernes qui ont le plus d'analogie avec les tons employés du plain-chant.

Cette correspondance, que chaque organiste doit posséder, s'établit en général de la manière suivante :

1er Ton. — *Orgue.* — *Ré* mineur ayant à la clef *si* bémol — et *ut* dièse pour note sensible.

2e Ton. — *Orgue.* — *Ré* mineur, ou *fa* dièse mineur ayant à la clef les dièses *fa, ut, sol* — et *mi* dièse pour note sensible.

3e Ton. — *Orgue.* — *Fa* dièse mineur, ou *la* mineur ayant pour note sensible *sol* dièse — et rien à la clef.

4e Ton. — *Orgue.* — *La* mineur, ou *mi* mineur ayant à la clef *fa* dièse — et pour note sensible *ré* dièse.

5e Ton. — *Orgue.* — *Fa* majeur ayant *si* bémol à la clef, ou *ut* majeur et rien à la clef.

6e Ton. — *Orgue.* — Comme le cinquième.

7e Ton. — *Orgue.* — *Sol* majeur ayant *fa* dièse à la clef.

8e Ton. — *Orgue.* — *Sol* majeur, ou *la* majeur ayant à la clef *fa, ut, sol* dièses.

Ces témoignages, pris entre beaucoup d'autres, prouveront une fois de plus qu'à une époque où beaucoup de personnes s'occupent, avec de très-louables intentions, de la restauration de la musique religieuse, mais déversent un blâme souvent amer sur le peu de sollicitude de l'Eglise ; ces témoignages, dis-je, prouveront que ces personnes se trompent, et que, maintenant comme toujours, le meilleur moyen pour arriver à une réforme désirable, c'est d'exécuter simplement et humblement ce qui est depuis longtemps déterminé par l'Eglise elle-même.

Le pape *Jean XXII*, dans la bulle déjà citée, après avoir dit ce que doit être le chant religieux d'après l'autorité des Pères, à savoir : modeste, grave, priant, excitant à la piété par une modulation tranquille, continue :

« Mais il y a les disciples d'une nouvelle école qui s'appliquent surtout à la mesure du temps ; ils font attention aux notes de récente invention ; ils aiment mieux employer les notes de leur arrangement que chanter les anciennes. Les choses de l'Eglise sont chantées par eux avec des brèves, des demi-brèves, et des notules encore plus petites. Ils coupent la tenue des mélodies par des *hoquets*, les défigurent par le déchant, les confondent avec des motets et des accords vulgaires, au point que quelquefois ils méprisent les parties fondamentales du Graduel et de l'Antiphonier, n'en ont plus la science, ne discernent plus les modes et les confondent. Il arrive par la multitude de ces chants, que les humbles ascensions (*ascensiones pudicæ*), et les descentes modérées (*descensionesque temperatæ*) du plain-chant, qui servent tant à faire reconnaître les tons, sont mutuellement confondues et fardées ; car, ils courent et ne goûtent pas ; ils étourdissent les oreilles et ne les satisfont pas ; ils méprisent la dévotion qu'on devrait chercher, et poussent à la passion qu'on devrait éviter.... A ces causes, nous et nos frères ordonnons que cela soit corrigé, voulons que l'on se hâte d'éloigner, de bannir, de chasser efficacement de semblables choses. D'après le conseil de nos frères (les cardinaux), nous enjoignons strictement que quiconque désormais n'ose avoir la présomption de tenter de telles choses ou des choses semblables dans les offices, surtout dans les heures canoniales, et quand on célèbre les saints mystères de la Messe. Si quelqu'un ose faire autrement, qu'il soit puni de suspense de son office pendant huit jours, par l'autorité du présent Canon. » Il ajoute cependant la conclusion rapportée page 103.

L'Ancienne Liturgie romaine, éditée par les soins et avec les réflexions de *Muratori*, n'est pas moins explicite :

« Déjà depuis plusieurs siècles, mais particulièrement de notre temps, des hommes très-recommandables par leur piété et par leur jugement se plaignent de ce que, dans la Maison de Dieu, principalement au très-auguste Sacrifice de la Messe, se soit introduite cette musique molle et efféminée que même les philosophes païens pensèrent devoir éloigner des assemblées du peuple, comme lente corruptrice des âmes et des mœurs. Il n'y a personne qui, voyant cette musique descendue des théâtres dans les plus augustes Mystères de la Foi, et considérant attentivement le véritable esprit de l'Eglise, puisse louer ou tolérer un pareil genre de musique. Tout cela qui n'excite pas la dévotion, ou plutôt tout cela qui peut en détourner l'esprit, quel est l'homme qui n'en demande pas aussitôt le bannissement? J'en appelle à l'expérience; où résonne le bruit de tant de voix et de tant d'instruments, où l'on entend une si ingénieuse, pour ne pas dire une si luxurieuse modulation, là est attachée toute l'attention des oreilles et des cœurs; tout est fait pour la délectation sensuelle, rien ne mène à la dévotion. C'est cependant là, devant Dieu, le moment de recueillir l'esprit et de tenir les cœurs en haut, élevés au Seigneur. Et qui ne voit que, par ce genre de musique, le cœur est éloigné et comme arraché de la contemplation des choses célestes? Et, cependant, par un manque de réflexion étonnant, nous admirons ces choses, nous applaudissons; c'est alors seulement que les fêtes et les divins offices nous paraissent faits avec le plus de solennité, alors qu'on étale plus de spectacles, pour offrir aux yeux et aux oreilles de quoi rassasier leur convoitise. Nous ne nous apercevons pas, qu'en cela, ce n'est pas Dieu que nous cherchons mais seulement la volupté de nos sens, et que nous ne sommes unis à Dieu que par la soumission de notre esprit et l'affection de notre cœur. »

Les nouveautés blâmables qui avaient commencé sous *Jean XXII* continuèrent sous ses successeurs; elles ne tardèrent pas à être portées à leur comble. Ce qui y contribua le plus fut, croit-on, le mélange opéré par *Grégoire XI,* à l'époque de son retour d'Avignon à Rome, en 1377, de la chapelle française avec la chapelle de Rome [1].

---

[1] *Nicolas V* demandait à un cardinal ce qu'il pensait de sa chapelle; celui-ci répondit hardiment : Qu'elle lui paraissait ressembler à un sac plein de petits cochons; car il entendait un bruit terrible, sans pouvoir rien saisir de ce qu'on disait.

Ces désordres amenèrent le décret du Concile de Trente portant : « Ils banniront de leurs églises toutes sortes de musique, dans lesquelles, soit sur l'orgue, soit dans le simple chant, il se mêle quelque chose de lascif ou d'impur [1]. »

Mais, pour bien comprendre ce décret, il est nécessaire de rappeler quelques unes des circonstances où il fut porté.

Suivant les *uns*, les Pères du concile étaient disposés à porter un décret qui prohiberait désormais l'emploi du chant harmonisé, et enjoindrait de s'en tenir pour le chant ecclésiastique au chant *uni* de saint *Grégoire*. Le décret était même déjà rédigé et sur le point d'être soumis à la sanction du concile.

Mais, du milieu de la corruption musicale de cet âge avait surgi, dit Monseigneur *Wiseman*, le génie de *Palestrina*, pur comme si les anges lui avaient inspiré leur harmonie, capable de concevoir, d'entreprendre et de couronner la perfection de la musique [2].

La commission qui devait préparer le décret, chargea *Palestrina* d'écrire une messe qui n'eût aucun rapport avec les chants profanes, où les paroles pussent être distinctement entendues. On ne lui cacha pas que de cette épreuve dépendait le sort de la musique. S'il échouait, elle devait être pour toujours bannie de la maison de Dieu. *Palestrina* n'échoua pas. Ses accords furent trouvés si candides, si délicieusement pieux, que la commission retira le décret préparé pour en substituer un autre qui prohibait, non la musique absolument, mais seulement les abus.

Suivant *d'autres*, et cela est beaucoup plus certain, ce ne fut pas devant la commission du concile qu'eut lieu l'épreuve dont il vient d'être parlé, mais devant une commission chargée par le pape *Pie IV*, en 1564, de faire mettre à exécution le décret qui avait été porté.

Cette commission comptait parmi ses membres les cardinaux *Vitellozzi* et saint *Charles Borromée*.

On n'avait point trouvé de moyen que de bannir entièrement le chant harmonisé ; et c'était, en effet, couper court à tous les abus. Mais, sur l'avis de saint *Charles Borromée*, *Palestrina* fut mandé et chargé d'écrire une messe d'après laquelle on de-

[1] Concile de Trente, sess. 22, décret *De Sacrificio Mis.* — *Pallavicin*, IIIe vol., p. 440, édition *Migne*.

[2] Ce jugement n'est que la traduction de ce que Rome fit graver sur le tombeau de *Palestrina*, après sa mort : *Princeps musicorum*.

vait décider des destinées de la musique. En trois mois, il présenta trois nouvelles messes, dont la dernière, celle qui est appelée *du pape Marcel* parce qu'elle fut livrée au public sous son pontificat, décida la cause. Elle est à six voix, ayant deux basses et deux ténors, et s'exécute à la chapelle papale, le Samedi-Saint, une fois seulement chaque année. La congrégation reconnut qu'on ne pouvait rien désirer de mieux, et décréta la conservation de la musique religieuse dans le service divin; mais à la condition que ce serait de la musique de *Palestrina* ou de la musique analogue.

Il est très-curieux, après cela, d'entendre ce que pense *Jean-Jacques Rousseau* qui consacra, comme on sait, plusieurs des premières années de sa vie à l'étude approfondie de la musique. Il s'est rarement si bien trouvé d'accord avec les conciles et les Pères :

« Ces modes, dit-il (les modes du plain-chant) [1], tels qu'ils nous ont été transmis dans les anciens chants ecclésiastiques, y conservent une beauté de caractère et une variété d'affections bien sensibles aux connaisseurs non prévenus, et qui ont conservé quelque jugement d'oreille pour les systèmes mélodieux établis sur des principes différents des nôtres. Mais on peut dire qu'il n'y a rien de plus ridicule et de plus plat que ces *plains-chants* accommodés à la moderne, et *pretintaillés* des ornements de notre musique. On doit savoir gré aux évêques, prévôts et chantres, qui s'opposent à ce barbare mélange, et désirer, pour le progrès et la perfection d'un art qui n'est pas, à beaucoup près, au point où l'on croit l'avoir mis, que ces précieux restes de l'antiquité soient fidèlement transmis. Loin qu'on doive porter notre musique dans le plain-chant, je suis persuadé qu'on gagnerait à transporter le plain-chant dans notre musique. » Et il conclut [2], après avoir dit que les chants sacrés ne doivent point représenter le tumulte des passions humaines, mais seulement la majesté de Celui à qui ils s'adressent, et l'égalité d'âme de ceux qui les prononcent : « il faut n'avoir, je ne dis pas aucune piété, mais aucun goût pour préférer, dans les églises, la musique au plain-chant. »

Si on le voulait, un coup d'œil rapide de comparaison entre la tonalité ancienne et la tonalité moderne, pourrait corroborer ces autorités.

---

[1] *Dictionnaire de Musique*, mot *Plain-chant*.
[2] *Dictionnaire*, mot *Motet*.

En effet, outre une antiquité qui remonte à saint *Grégoire*, à saint *Ambroise*, et par eux, quoique, sans doute, sous une autre forme, aux Grecs et aux Juifs, outre l'approbation constante et presque exclusive de l'Eglise et des saints, la tonalité de saint *Grégoire* peut se glorifier d'être, en comparaison de l'autre, plus facile, plus mâle [1], plus variée de tons, plus puissante d'effets [2], plus riche en chefs-d'œuvre, et, par excellence, capable d'établir une barrière insurmontable à l'invasion des chants profanes.

Ces autorités, ces faits, ces raisons, contribueront peut-être à faire trouver moins sévères qu'elles ne le paraissent les conclusions suivantes :

1° Il faut conserver, avec un religieux respect et une sollicitude scrupuleuse, les mélodies anciennes consacrées par l'Eglise. Les altérer, ou les modifier en quoi que ce soit, serait un sacrilége ; et si, à une époque plus ou moins éloignée, on s'est permis de si regrettables changements, on ne peut que se laisser aller au désir de voir prendre tous les moyens que la prudence suggère pour faire disparaître ces étrangetés qui sont la lèpre de nos chants, comme le badigeon l'est de nos cathédrales.

2° Il est à regretter, en ce qui concerne la musique vocale, que si on excepte la musique de *Palestrina*, spécialement celle qu'il a composée après la glorieuse victoire qu'il remporta ; toute autre espèce de musique, même de *Lesueur, Lully, Gluck*, *Mozart*, *Pergolèse, Cherubini, Meyerbeer, Weber, Haydn, Beethoven*, ne paraît pas pouvoir remplir les conditions exigées pour la vraie musique d'Eglise.

3° Cela étant, et aucun avantage ne pouvant résulter d'un parti contraire, il est à désirer qu'on se borne à une bonne exécution du plain-chant, soit simple, soit en faux-bourdon, ou que, suivant les propres expressions du *Cérémonial des Evêques* [3], on réforme la musique en y introduisant, comme dans la chapelle papale lors de sa réformation, la musique de *Palestrina* ou quelque autre analogue, bien *dévote*, *distincte* et *intelligible*. Cette musique est

---

[1] *Cicéron*, Lib. 1. *Tuscul.*, dit que le genre chromatique, à cause de son caractère efféminant, fut banni de Lacédémone.

[2] Le système moderne est loin d'être aussi puissant que le système des anciens pour exciter les diverses émotions de l'âme. IIe vol. de *Musicâ sacrâ*, p. 285.

[3] Tome Ier, p. 391.

sans doute difficile pour l'exécution, à cause de la justesse et de la pureté de sons qu'elle exige, mais le plus difficile est de commencer. Si on ne le peut, il est permis de croire que le plain-chant bien exécuté, qui vaut presque toujours autant que de la bonne musique, vaudra toujours mieux que de la mauvaise.

4° Il est bien à désirer que, suivant le sentiment de *Benoît XIV*, en ce qui concerne la musique instrumentale *seule*, on la tolère le moins souvent possible, et que surtout, si l'on n'empêche, au moins on n'accepte que par condescendance la musique à orchestre militaire dont, plusieurs fois chaque année, en France, il nous faut entendre le *charivari*.

5° Si, d'un côté, selon nous, et contrairement à l'avis de plusieurs, on doit admirer et encourager les grands développements qu'a pris l'orgue depuis quelques années, et la puissance d'harmonie qu'on est parvenu à lui donner et qui recevra, dit-on, plus d'extension encore dans l'orgue qu'on prépare à Saint-Eustache, à Paris; d'un autre côté, il est bien à désirer que le grand orgue n'oublie jamais le magnifique rôle qu'il remplit dans nos temples, et qu'ainsi, s'il accompagne le chant, ce soit seulement le chant du *peuple*, et le moins possible des voix de solo ou de *faibles* chœurs, et que, s'il se fait entendre seul, ce soit toujours par des accords mâles, liés et dévotieux. Il est bien à désirer qu'il cesse de faire entendre des *marches militaires*, des *batailles*, des *orages*, même certains *jugements derniers!* Plusieurs personnes, et ce semble avec raison, désireraient même qu'il se tût absolument, comme cela lui était ordonné dans la plupart des Eglises, depuis la fin du *Sanctus*, avant l'Elévation, jusqu'à l'*Agnus Dei*, se rappelant que ce moment, le plus saint de l'auguste Sacrifice, doit être laissé à la silencieuse adoration des fidèles.

Cependant, il faut se garder de conclure, d'après ce qui précède, qu'on doit rejeter toute pièce de chant, par cela seul qu'elle est écrite avec la tonalité moderne ou qu'elle n'a pas pour elle le sceau de l'antiquité.

Sans doute, cette tonalité en elle-même est moins grave que celle du plain-chant et prête beaucoup plus à l'expression des passions humaines. Mais nous ne la croyons pas absolument incapable de se plier aux saintes exigences du style religieux, et même les témoignages qu'on vient de lire ne la condamnent pas nominalement, puisqu'alors elle n'était pas encore *définitivement* organisée, ce qui ne fut que sur la fin du XVIe ou au commencement du XVIIe siècle. Ils condamnent seulement les écarts où conduisirent les premiers essais qui en furent faits et tous ces chants qui, par la pétulance de leur marche, l'élasticité de leurs règles, le théâtral de leur expression, peuvent être regardés comme les aînés de la plupart des chants religieux qui furent faits depuis en musique moderne; en un mot, ils condamnent cette musique, on peut le dire sans crainte, dans presque tout ce qu'elle a été, mais pas dans ce qu'elle peut être. L'avenir lui reste.

En effet, l'esprit, le droit et presque le devoir de l'Eglise est de prêter la main à tout ce qu'il peut y avoir de bon dans les découvertes de l'esprit humain, et personne ne contestera que le système musical moderne, au moins par la variété, la puissance et le jeu de ses accords, ne soit une découverte dont on ne puisse, avec du génie, des précautions et surtout de la foi, tirer quelque chose de très-bon.

L'Eglise, il est vrai, est immuable dans son dogme; elle conserve, il est vrai, ses traditions liturgiques avec amour et respect, mais cependant elle n'est pas attachée à une forme invariable pour l'extérieur du culte. Elle vit; et à ce titre, chaque jour, après une sainte transformation, elle a le droit d'admettre, pour son service, des choses qui seront la tradition des siècles futurs, comme ce qu'elle a maintenant est la tradition des siècles passés.

Qu'une pièce de musique se plie à ces transformations, et on ne demandera pas si elle est de la tonalité ancienne ou moderne; mais purifiée ainsi des impuretés du siècle, digne de devenir partie de ce patrimoine artistique que l'Eglise grossit sans cesse, mais lentement, à travers les âges, sans aucun doute, elle sera reçue à l'épreuve et peut-être à une place d'honneur dans la sainte liturgie catholique.

CHAPITRE DOUZIÈME.

Organisation d'un Cours de Chant.

Parler d'une nouvelle méthode pour l'enseignement du chant, exposer même les principales de celles qui ont été successivement prônées et abandonnées, tel n'est point le but de ce chapitre. Le meilleur système est celui qui est enseigné par le maître le plus habile, et étudié par les élèves les plus appliqués.

Tout ce que l'on se propose pour l'utilité de ceux auxquels ce livre est particulièrement destiné, c'est de faire un résumé de la marche que l'on suit, avec de grands avantages, dans quelques établissements publics; puis de donner quelques conseils pratiques pour la formation de petits cours de chant dans les paroisses de la campagne.

Quiconque veut enseigner le chant doit préalablement avoir répondu à ces deux questions :

1° Quel *but* on doit se proposer ?

2° Quels *moyens* pour l'atteindre ?

Un but clairement dessiné, des moyens sagement choisis et appliqués, voilà tout ce qu'il faut pour un enseignement fructueux.

Entrons dans quelques détails.

§ Ier. *Quel but on doit se proposer.*

L'enseignement du plain-chant (il ne s'agit que de celui-là,) comprend naturellement deux parties.

1° La partie *théorique*, où l'on s'occupe simplement de l'étude des *règles* du plain-chant; cette première partie n'exige qu'une intelligence pour comprendre et une mémoire pour retenir.

2° La partie *pratique*, où l'on s'occupe, par des *exercices*, à rendre l'organe vocal apte à émettre d'une manière convenable tous les sons qui se succèdent, d'après les règles mêmes du plain-chant ; cette deuxième partie exige, de plus, un organe vocal capable d'émettre des sons musicaux et d'être façonné à les émettre régulièrement.

De même que la première partie se divise en parties plus petites (si l'on veut en dix ou douze, comme dans ce Livre), pour rendre le travail de l'Intelligence et de la Mémoire à la fois plus régulier et plus facile ;

De même, la deuxième partie se divise en plusieurs autres. Ce sont les différents genres d'*exercices* graduellement nécessaires pour parvenir à chanter convenablement.

Or, dit M. *Nivers*[1], dont les paroles peuvent être regardées comme un thème à l'excellente méthode de M. *Wilhem*, pour apprendre à chanter, trois choses sont nécessaires : 1° connaître parfaitement les notes; 2° les entonner juste; 3° y joindre les paroles.

Connaître les notes, c'est pouvoir en donner le nom à l'inspection de la clef et de sa position sur la portée. Cette nomination des notes s'appelle *lecture* du chant. Il y en a deux espèces : 1° lecture *nominale*, par laquelle on donne simplement le nom des notes, sans attention à leur *durée;* 2° lecture *rhythmique*, par laquelle on donne le nom des notes, mais en mettant dans la nomination de chacune d'elles toute la *durée* exigée par sa forme ou par sa position.

Entonner les notes, c'est émettre un son de l'acuité ou de la gravité exigée par la position de la note sur la portée. Il y a également deux espèces d'intonation : 1° intonation *solfiée* (faire des *sol*), par laquelle on chante le nom de chaque note, d'après la gravité ou l'acuité que doit avoir la note elle-même; 2° intonation *vocalisée* (en voyelles), par laquelle on chante une voyelle quelconque, ordinairement a, sur toutes les notes et suivant leur gravité ou acuité.

En *musique*, on dirait qu'il y a aussi deux manières de *chanter* les paroles : 1° *uniformément*, c'est-à-dire en donnant à chaque note la même *intensité* de voix ; 2° *avec expression*, c'est-à-dire en ménageant l'intensité des sons à certains endroits et en l'augmentant à d'autres. Mais cette dernière manière est particulière à

[1] *Méthode pour apprendre le chant d'Eglise.*

la musique proprement dite, le plain-chant ne reconnaissant qu'une émission simple, facile, uniforme, naturelle.

La partie *pratique* de l'étude du chant comprend donc cinq divisions :

1° La Lecture *nominale ;*

2° La Lecture *rhythmique ;*

(Les deux sont comme préparation à l'exercice même de la voix, et la deuxième est peu de chose dans le plain-chant.)

3° L'Intonation *solfiée* ou *solmisation ;*

4° L'Intonation *vocalisée* ou *vocalisation ;*

5° L'Application *des paroles.*

Mais de cet exposé de *l'objet* des études, soit pour la *théorie*, soit pour la *pratique*, ressort évidemment le but qu'on doit se proposer.

Il est pour la *théorie :*

1° De faire comprendre à l'*esprit* les règles ;

2° De les faire retenir à la *mémoire.*

Il est pour la *pratique* de faire savoir graduellement :

1° Lire nominalement ;

2° Lire rhythmiquement ;

3° Solfier ;

4° Vocaliser ;

5° Appliquer les paroles.

§ II. *Quels sont les moyens pour atteindre ce but.*

On peut les réduire à deux, qui sont :

1° Une distribution sage des matières à étudier et des élèves qui les étudieront ;

2° Une direction également sage dans la pratique même de l'enseignement.

I.

Pour que les *matières* soit sagement distribuées, il faut 1° qu'elles le soient proportionnellement à l'avancement des élèves ; 2° par gradation et par suite, et pour la *théorie* et pour la *pratique*, c'est-à-dire qu'on doit commencer par *lire*, continuer par *solfier*, puis *vocaliser* — après *chanter*, et faire correspondre à cela la *théorie* dans une mesure convenable, sans jamais passer à un objet plus difficile à moins que l'on ne sache celui plus facile qui précède.

Pour que les *élèves* soient sagement distribués, il faut qu'ils le soient : 1° Suivant leur *force*, car alors ils seront toujours parfaitement orientés, ne s'ennuyant pas de répéter des choses qu'ils savent depuis longtemps, et se préparant avec ordre à la connaissance de celles qu'ils ne savent pas encore ; 2° suivant leur *voix*, car alors on pourra toujours les exercer suivant le diapason de cette voix que l'on développera, que l'on formera avec plus de facilité et de chances de réussite ; 3° par *groupes peu nombreux*, tout au plus de *douze* à *quinze*, car alors le maître pourra toujours facilement s'assurer du travail et des progrès de chacun en faisant faire à chacun, ce qui est de la plus haute importance, les exercices que l'on va dire.

Il semble que ce qui réaliserait le mieux cette marche serait de partager tous les élèves en cinq grandes sections.

Dans la *première*, seraient tous ceux qui doivent étudier la lecture nominale ; dans la *deuxième*, ceux qui doivent étudier la lecture rhythmique ; dans la *troisième*, ceux qui doivent étudier la solmisation ; dans la *quatrième*, ceux qui doivent étudier la vocalisation ; dans la *cinquième*, ceux qui doivent étudier la substitution du chant aux paroles. Dans chacune de ces sections, les élèves seraient exactement rangés d'après le diapason de leur voix préalablement essayée.

Enfin, chacune encore pourrait donner lieu à des sections plus petites, soit parce que les élèves y seraient trop nombreux, soit parce que la matière d'étude pourrait être partagée en différents degrés, comme dans la *solmisation*, où l'on pourrait avoir la section des *secondes*, la section des *quartes*, etc.

Les matières à *comprendre* et à *retenir* seraient, de la même manière, distribuées graduellement. En employant cette brochure, on expliquerait à la *première* section la *notation* du chant ; à la *deuxième*, la *mesure et le diapason des voix ;* à la *troisième*, la *théorie des modes ou tons du plain-chant ;* à la *quatrième*, l'*introduction du bémol et du dièse*, et les *moyens pour chanter tous les tons du plain-chant ;* enfin, à la *cinquième*, la *psalmodie*, les *règles pour l'exécution convenable du chant.* Le reste n'est pas partie essentielle de l'enseignement ordinaire.

Cependant, dans plusieurs établissements publics, dans les Grands Séminaires, par exemple, on suit une marche un peu différente. Étant plus propre à donner du chant une connaissance approfondie, elle doit être exposée avec un peu plus de détails.

Tous les élèves sont partagés en *six* sections, qui peuvent comprendre respectivement les élèves qui font leur première, deuxième, troisième, quatrième et cinquième année de Grand Séminaire, et la sixième comprenant tous ceux qui, connaissant parfaitement le plain-chant avant la révolution de leurs cinq années d'étude, peuvent avec fruit étudier des morceaux harmoniques, et perfectionner les connaissances musicales qu'ils ont dû acquérir dans le cours de leurs études élémentaires.

Dans chaque section, les élèves sont rangés d'après leur voix, et chacune, si elle renferme trop d'élèves, est partagée en deux ou plus.

Avec cette disposition :

Dans la *première* section,

Pour la *Théorie*, on s'occupe *par ordre* de tout ce qui regarde les notions préliminaires sur le *chant*, la *portée*, les *notes*, les *gammes*, les *intervalles*, les *accidents*, les *clefs*, la *mesure*, le *diapason* des voix, enfin tout ce qui est compris de la page 1 à 24.

Pour la *Pratique*, on s'exerce 1° à lire *nominalement* les notes à toutes les clefs ; 2° à les lire avec *rhythme;* 3° à *solfier* par ordre les exercices de seconde, de tierce, etc.; le tout comme il est marqué à la fin de ce volume.

Dans la *deuxième* section,

Pour la *Théorie*, on se borne à l'exposé de tout ce qui concerne les modes ou les tons du plain-chant, et l'introduction des dièses et des bémols.

Pour la *Pratique*, on s'exerce 1° à *vocaliser* les *solféges* de la section précédente ; 2° à *solfier*, puis à *vocaliser* des morceaux faciles que le maitre choisit dans les *Graduels* et dans les *Antiphonaires*.

Dans la *troisième* section,

Pour la *Théorie*, on examine tout ce qui concerne les règles de la Psalmodie en s'appuyant sur les règles de l'Accentuation, partie si importante et cependant si négligée.

Pour la *Pratique*, on s'exerce 1° à *chanter* des morceaux de choix dans les livres de chant ; 2° à vaincre les difficultés pratiques qui se présentent ordinairement dans les Psaumes ; 3° enfin, on apprend de mémoire les intonations, médiations, terminaisons des Psaumes comme elles sont marquées à la fin du Bréviaire, et cela, afin de pouvoir chanter et entonner un psaume rien qu'à l'inspection du ton et de la lettre ou au moins de l'*e, u, o, u, a, e,* qui précède l'Antienne.

Dans la *quatrième* section ,

Pour la *Théorie*, on étudie les règles de la bonne exécution du chant, de sa composition, et de sa distribution au chœur en s'aidant même, si cela est de besoin, d'un *Cérémonial*.

Pour la *Pratique*, on s'exerce 1° à chanter avec justesse et pureté toute espèce de morceaux, mais de préférence ceux qui présentent le plus de difficultés, comme les Proses, les Hymnes, l'Office du Dimanche des Rameaux ; et ceux qui présentent le plus de beautés, comme les Antiennes de la sainte Vierge, l'Office du Saint-Sacrement, l'*Inviolata*, l'*Ave Maris stella*, *Rorate cœli*, etc.; 2° on s'exerce à commencer chaque morceau dans le ton convenable, pour la portée ordinaire des voix, même sans le secours du diapason ; 3° on analyse plusieurs morceaux sous le rapport de l'exactitude pour la composition matérielle, et sous le rapport de la beauté mélodique. Enfin, 4° pour rendre cette analyse plus profitable, on chante les mêmes morceaux dans les livres de différents diocèses, par exemple, dans les livres romains, de Paris et de Nancy. C'est afin de s'habituer ainsi à comparer plusieurs chants et afin de prendre une idée du caractère de chacun suivant les pays, et des modifications qu'on leur a fait subir dans ces derniers temps; modifications qui faisaient dire même à l'un de ceux qui y a travaillé le plus et le mieux : La réforme des Bréviaires et des autres livres de la sainte Liturgie a fait composer des chants nouveaux; mais quelle différence entre les anciens et ceux-ci !

Dans la *cinquième* section,

On s'occupe uniquement des choses que, dans la *pratique* journalière du ministère, il est de l'honneur du clergé que chaque prêtre sache et chante convenablement ; on s'exerce à chanter les *Oraisons*, les *Préfaces*, le *Pater ;* on étudie de mémoire les *Ite Missa est* et *Benedicamus Domino ;* les intonations du *Credo*, du *Gloria ;* l'*Ecce panis Angelorum*, *Bone Pastor* pour l'octave de la Fête-Dieu ; on chante des Epitres, des Evangiles sur le ton ordinaire et sur le ton des Morts ; des Leçons; les paroles de la Bénédiction du Saint-Sacrement; les paroles du commencement des Heures de l'Office ; le *Liber Generationis ;* l'*Exultet ;* l'Office du Samedi-Saint ; enfin, tout ce qu'un célébrant doit chanter aux Offices. On répète aussi de mémoire les Psaumes.

Dans la *sixième* section,

Formée, comme on l'a dit, de tous les élèves qui ont justifié de leur connaissance parfaite, pour la *Théorie* et pour la *Pratique*, des différents objets d'étude des cinq sections précédentes.

On s'appuie, pour la *Théorie*, sur les points les plus difficiles du système musical du plain-chant, mais en les comparant aux points analogues dans le système de la musique moderne ; à cet effet, on expose la théorie de la formation des gammes modernes, on se rend compte du mode de placement des dièses, des bémols et des bécarres dans les gammes majeures et dans les gammes mineures; on donne même quelques idées sur l'emploi des *accords* et des *dissonnances*, sur la manière d'établir un *faux-bourdon* facile sur une mélodie en plain-chant.

Pour la *Pratique*, on étudie quelque *choral* à trois voix en français ou en latin, quelques morceaux ayant le caractère vraiment religieux comme on en trouve dans *Palestrina* et autres, les Antiennes ordinaires du plain-chant en faux-bourdon, quelques cantiques de choix, comme *peut-être* il n'est pas impossible d'en trouver *quelques uns* dans *Neukoom*, *Choron*, *Hipp. Monpou*, mais comme certainement il n'y en a point dans le Recueil de *chansons* connu sous le nom de *Cantiques de Saint-Sulpice*, ni dans les chants *soi-disant* mais pas *religieux* des 40 *Montagnards* [1].

---

[1] Outre ces six sections, qui consacrent à l'étude du plain-chant le peu de temps que des études bien plus importantes permettent d'employer, il y a quelques Séminaires où l'on a établi un cours de musique proprement dite où toutes les sections se réunissent.

Dans cette réunion, on se propose, pour la *théorie*, d'après un plan qui embrasse la durée ordinaire des cours d'un grand Séminaire, de traiter toutes les questions archéologiques du plain-chant. C'est, si l'on veut, une partie détachée du cours d'archéologie si heureusement institué dans la plupart des Séminaires, mais encore dans aucun collége, de France. Ce qu'a été le chant religieux, soit vocal, soit instrumental, des différents peuples de l'Antiquité, y compris les Juifs ; ce qu'il a été dans la composition, dans l'exécution, dans l'enseignement, vocalement et instrumentalement, aux différentes époques du moyen-âge et dans les temps modernes, ce qu'il doit être maintenant, et comment on peut en propager le goût et l'usage : voilà quelques unes des questions dont les développements composent la partie *théorique* de ce cours.

Pour la *pratique*, on s'exerce à chanter convenablement à deux chœurs, séparés et réunis, les différentes parties de l'Office ; on rectifie les fautes qui auront dû être remarquées depuis la dernière réunion ; on étudie quelques cantiques pour la pratique du ministère [1]. Enfin, d'après la mé-

[1] Il est bon de faire remarquer que l'Eglise n'a jamais permis qu'à regret les chants en langue vulgaire. Un concile de Bâle ne paraît les tolérer qu'au jour de Noël, et encore veut-il qu'ils soient auparavant lus, examinés et souscrits par l'évèque. Les allemands seuls jouissaient d'un peu plus de liberté. — Si les femmes peuvent chanter seules des cantiques à l'église ? oui, dit saint *Chrysostôme*, mais cela n'est pas expédient. — Saint *Paul* avait dit : *Mulieres taceant in ecclesiis.* Que les femmes se taisent dans les églises. 1. *Ad*, *Cor*. Cap. XIV, v. 34.

Voilà donc les *douze* ou *quinze* élèves de chaque section rangés suivant leur voix et tous à très-peu près de la même force, moitié à droite et moitié à gauche du maître, chacun ayant son livre d'exercice et d'étude à la main, ou, si cela ne se peut, rangés circulairement autour d'un pupitre où tous pourront lire facilement, on demande comment il faut s'y prendre pour une conduite sage dans l'enseignement qu'il faut alors donner.

II.

I. — Dans toutes les sections, comme *règles* générales, le maître :

1° Fera observer le silence : sans cela, pas d'étude de chant fructueuse.

2° Il exercera, autant que possible, chacun *individuellement*.

3° Il mettra toutes les *dominantes* sur le même ton. En conséquence, il se servira toujours d'un diapason dont il donnera le *la* avant de commencer à chanter ou à faire chanter qui que ce soit.

4° Il parlera peu, et toujours en peu de mots.

5° Il reprendra avec charité, mais sans pitié, toutes les fautes que l'on commettra, de quantité, de chant, de convenance, de goût, et il montrera, en faisant et en chantant lui-même, comment il faut faire et chanter.

6° Il procédera toujours par interrogation *nominale*, faisant la question avant de nommer celui qui doit répondre, afin de s'assurer si l'on comprend bien.

7° Il préparera ce qui doit faire, à chaque fois, l'objet de la classe.

II. — Comme *marche* générale, la classe de chaque section sera pour ainsi dire partagée en quatre parties, savoir :

1° Le maître fait chanter à toute la section réunie toutes les notes que renferme l'étendue naturelle de la voix de cette section, en montant et en descendant. Puis, il fait répéter la même chose à deux ou trois *ensemble* ou mieux *individuellement*. Cet exercice,

---

thode *Wilhem*, on prépare pour les fêtes solennelles quelques unes de ces messes harmoniques, simples, faciles, majestueuses, sans nul accompagnement, que nos ancêtres faisaient retentir sous les voûtes solennelles de nos vieilles cathédrales, ou d'autres messes écrites avec le même esprit.

s'il est fait avec justesse, persévérance et étude pour ménager l'organe vocal aux passages de la voix de poitrine à la voix de *medium*, et de celle-ci à la voix de tête, est suffisant pour assurer des progrès rapides et un prompt développement de la voix.

2° Le maître fait répéter à plusieurs élèves, un à un, ce que l'on a étudié dans la classe précédente, ayant soin, pour maintenir l'attention de tous, de faire continuer sans interruption à un second, puis à un troisième, le morceau commencé par un premier. Cette répétition individuelle, faite de manière à rendre tout le monde attentif, est de la dernière importance.

3° On étudie en *lisant*, *solfiant*, *vocalisant* ou *appliquant* les paroles, suivant l'avancement de la section, mais *tous* ensemble, ou les ténors ou les basses ensemble, un *nouvel* objet d'étude qui servira à la répétition de la classe suivante, ou le même si on ne le sait pas encore individuellement.

4° Le maître explique théoriquement et en procédant par interrogations, comme on l'a dit, les difficultés qu'on a rencontrées et toutes les autres questions qui sont l'objet de l'étude théorique de la section. On peut aussi quelquefois commencer par là.

Il est plus que probable que des cours établis sur ce pied dans les Grands Séminaires, pourvu que l'on y donne un véritable intérêt, une surveillance active, et que l'on y ajoute des examens, afin de ne pas faire passer qui que ce soit d'une section inférieure dans une section supérieure qu'il ne sache parfaitement ce qu'il doit savoir, ne tarderaient pas à produire d'heureux fruits. Ils rendraient au plain-chant, cette prédication constante et attrayante, la place d'honneur qu'il mérite daus l'estime du clergé, ils mettraient chaque prêtre dans le cas de faire dignement sa partie à l'Office, lui rendraient le droit et le pouvoir de rectifier les défauts de ses chantres, le mettraient à même de veiller à l'intégrité du chant, d'apprécier les modifications qu'on lui a infligées, à même de le faire exécuter avec intelligence, et de le défendre avec connaissance de cause contre les empiètements de la musique moderne.

C'est beaucoup d'organiser comme il convient des cours de chant dans les Grands Séminaires, mais ce n'est pas tout.

En effet, il est malheureusement trop certain que, de nos jours, la moins observée des conditions du chant, c'est la première dont nous avons parlé. Aujourd'hui le peuple, en France, ne chante plus à l'église; souvent même il ne sait pas ce que l'on y chante. Il suffit, pour en être convaincu, d'avoir une seule fois assisté à l'Office dans quelques paroisses de campagne ou mieux encore dans quelques cathédrales. C'est tout au plus si l'on entend, venant de derrière l'autel, (car c'est ainsi l'usage dans plusieurs églises) quelques voix aidées, ou *gênées* par un ophicléïde, qui retiennent pour elles seules l'honneur de chanter les louanges de Dieu. Mais, qu'on entende la voix vibrante et mâle du peuple, qu'on entende ces énergiques accents qui partent du cœur sans apprêt, que l'on aime à faire entendre, et qui nous rappellent toujours avec bonheur aux pieds des autels : cela n'existe que par de très-rares exceptions.

Le peuple est là, et les voûtes du Temple, ces voûtes que nos ancêtres façonnaient avec des *vases creux*, autant pour en augmenter la sonorité que la légèreté, restent muettes ou ne résonnent, qu'on me passe le mot, que d'accents cahoteux ; mais, bientôt le peuple se lasse de n'être que spectateur. Il venait pour prendre la part qui lui advient dans les Offices de l'Eglise ; il ne le peut ou les moyens ne lui sont pas donnés, il s'en va ; nos Temples n'étaient que muets, ils deviennent déserts.

Un des moyens les plus efficaces pour faire chanter le peuple et lui laisser ainsi moins souvent oublier le chemin de la Maison de Dieu, se trouve peut-être dans ce qui reste à dire sur l'organisation d'un petit cours de chant dans les paroisses. Ce n'est que l'histoire de ce qui a déjà été fait en plusieurs endroits.

Pour cela :

Il faut 1° que le curé ou le maître d'école établisse un petit cours de chant pour les jeunes garçons, que je suppose être au nombre de dix ou douze.

2° Comme il s'agit ici de la pratique, on se bornera aux notions les plus simples du plain-chant. Les quinze premières pages de cette brochure, l'indication du moyen mécanique pour reconnaître dans quel ton on est, et quelques mots sur la Psalmodie, c'est plus qu'il n'en faut.

3° Pour donner aux enfants ces notions essentielles, rien ne peut mieux convenir qu'un tableau noir comme il y en a dans toutes les écoles. On s'en sert, moyennant un peu de craie, pour tracer la *portée*, les *notes*, les *accidents*, les *exercices* de seconde, de tierce, de quarte, etc., et c'est tout ce qu'il faut, avec une petite baguette pour montrer au tableau.

4° On suivra l'ordre qui a été indiqué précédemment, et pour la distribution des élèves et pour la distribution des matières, en passant graduellement par la lecture *nominale* et *rhythmique*, par la *solmisation*, par la *vocalisation*, par le *chant*.

5° On se rappellera que la voix de la plupart des enfants est la voix de soprano, dont l'étendue est *ut, ré, mi, fa, sol,* LA, *si, ut, ré, mi, fa, sol;* LA étant l'aigu du diapason. En conséquence, on fera toujours chanter les enfants à la simple octave au dessus du chant commun, et non pas à la double octave comme dans la plupart des cathédrales.

6° On aura soin de ne pas exiger d'abord l'émission de tous ces tons, mais seulement celle des notes *fa, sol,* LA, *si, ut, ré, mi, fa;* LA étant l'aigu du diapason, et principalement d'habituer les enfants à ménager leur voix aux notes *si, ut,* auxquelles se fait ordinairement le passage de la voix de poitrine à la voix de tête.

7° Après quelques exercices en solfiant et en vocalisant la gamme les secondes et les tierces, on passera à faire chanter doucement, mélodieusement, quelque morceau de plain-chant simple et déjà connu des enfants, comme le *Veni Sancte* — le *Stabat* — le *Veni Creator*.

8° Aussitôt après cela, on fera chanter par ces douze chantres nouveaux, le *Gloria* de l'*Introït*, celui du *Domine salvum*, l'Antienne du Saint-Sacrement; deux chanteront le verset de *l'Alleluia*, si on le chante, les *Versets*, les *Benedicamus Domino* à Vêpres.

9° Après ces premiers essais, qui encourageront les enfants, feront plaisir aux parents, et pourront avoir lieu après moins de quinze jours ou trois semaines, on pourra préparer un *Kyrie*, un *Gloria*, un *Credo*, toujours sur les Livres de chant et à l'unisson, les enfants faisant une partie et le maitre d'école avec la nef l'autre ou réciproquement. Enfin, au premier jour de fête, ne pourrait-on pas préparer un psaume en faux-bourdon ou une Antienne au Saint-Sacrement, mais jamais ne s'éloignant du texte même du Livre de plain-chant, ne craignant pas de répéter très-souvent à l'église ces morceaux harmoniques, afin d'inspirer au peuple le goût de l'harmonie, et de lui donner le moyen de répéter lui-même, en masse et en accord, ce qu'il aura entendu.

Si l'on continue ainsi seulement pendant deux ou trois mois, on ne tardera pas à recueillir des fruits précieux de sa peine. On aura au chœur dix ou douze enfants qui, au moins jusqu'à un certain âge, aimeront à y venir chanter, et pourront y faire l'Office d'un lutrin ou même d'un double lutrin.

Mais ce que l'on a appris dans la jeunesse laisse des impressions profondes. Ces enfants deviendront hommes faits laissant leur place à d'autres. Ils chanteront dans la nef avec leur voix d'homme ce qu'ils chantaient au chœur avec leur voix d'enfant. Qui empêcherait alors d'établir deux ou trois groupes de chanteurs échelonnés dans la nef, pour soutenir le chant de tous? Qui empêcherait de distribuer à ces groupes, imprimées ou écrites, les principales choses que le peuple chante, comme les *Kyrie*, les *Gloria*, les *Credo*, etc., ou même des Livres de chant si on le pouvait.

Il est certain qu'alors, si on prenait toujours le ton convenable à la voix commune (chose si essentielle), tous, ayant par là la facilité de chanter, chanteraient; car, ne pas chanter est impossible à l'homme.

Il est certain que les Offices divins en deviendraient plus fréquentés, plus respectés, plus aimés, plus dignes de la religion et plus agréables à Dieu.

Il est certain que si à ces éléments on ajoutait un véritable orgue d'accompagnement, on aurait tout ce qu'il est peut-être permis de désirer pour le chant ecclésiastique dans les circonstances ordinaires.

Après cela, demandera quelqu'un, au moins pourra-t-on préparer des Messes en musique dans le sens *ordinaire* du mot. Je répondrais volontiers, si je pouvais en cela donner un conseil, faisons d'abord cela, c'est-à-dire faisons d'abord bien chanter le plain-chant à l'unisson par tous, puis en faux bourdon, joignons-y quelques cantiques du même style; la musique, s'il y a lieu, viendra après, mais ce sera bien là la plus vraie musique qu'on puisse et peut être la seule qu'on doive désirer.

EXERCICES.

Gamme commune, mais à l'octave par les sopranos et les contraltos.

Gamme des ténors, mais à l'octave pour les sopranos.

Gamme des basses, mais à l'octave par les contraltos.

I.

EXERCICES DE LECTURE NOMINALE.

*Clef d'*UT *sur la première ligne.*

*Clef d'*UT *sur la deuxième ligne.*

Clef d'UT sur la troisième ligne.

Clef d'UT sur la quatrième ligne.

Clef de FA sur la troisième ligne.

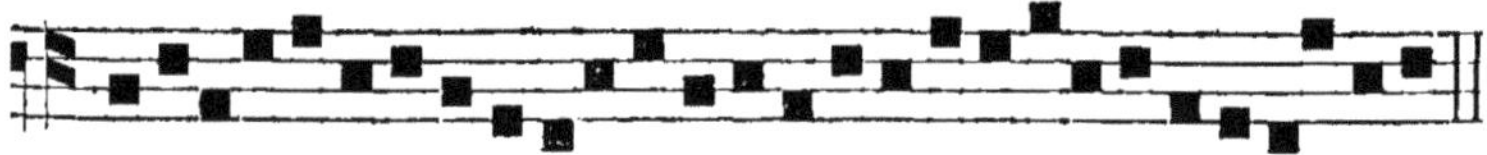

Clef de FA sur la deuxième ligne.

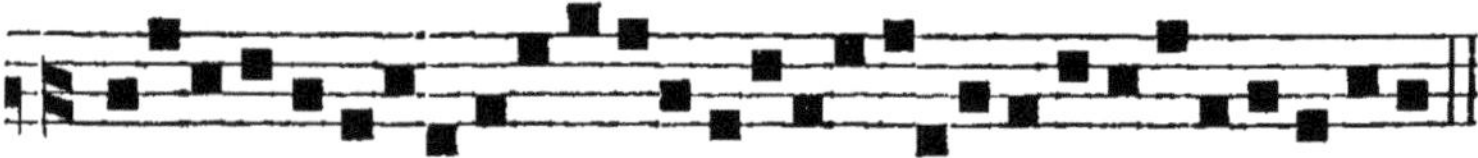

Changements de clefs.

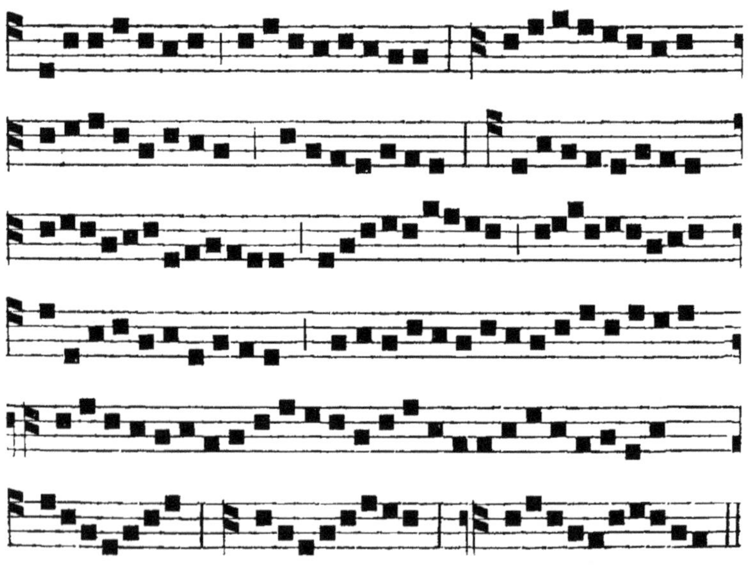

II.

EXERCICES DE LECTURE RHYTHMIQUE.

III.

EXERCICES DE SOLMISATION.

Solféges sur les secondes.

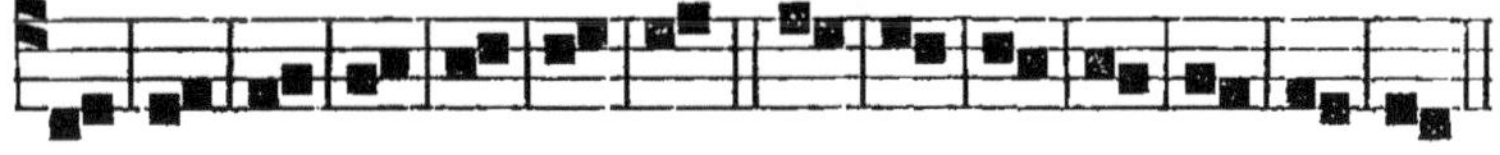

Solféges sur les tierces.

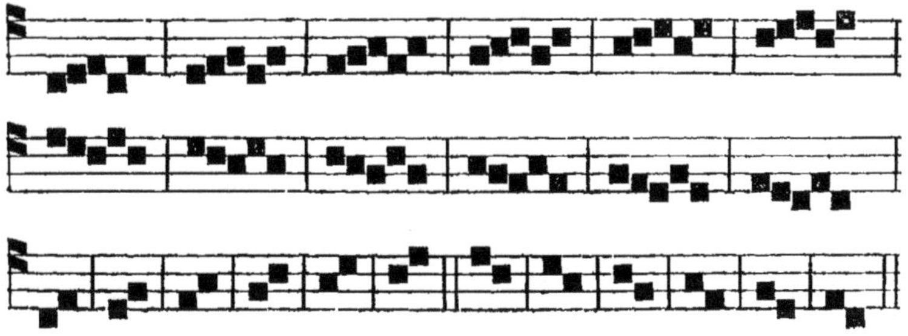

Solféges sur les quartes.

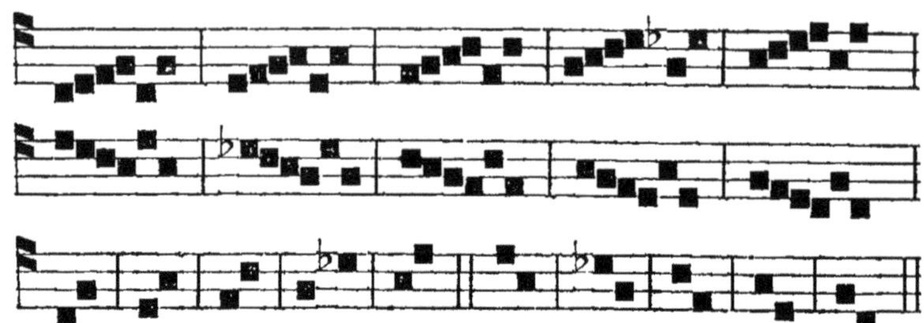

Solféges sur les quintes.

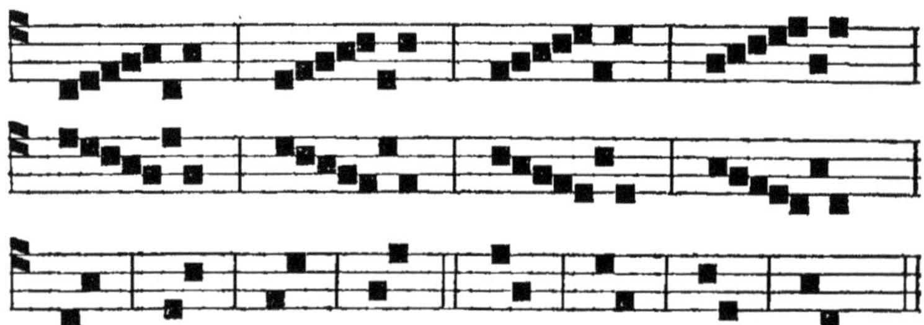

Solféges sur les sixtes.

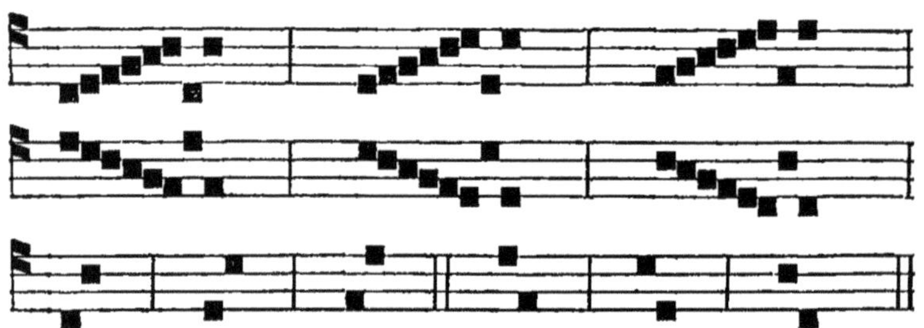

Solféges pour le mélange des intervalles, aux principales clefs.

*Clef d'*UT *sur la quatrième ligne.*

*Clef d'*UT *sur la troisième ligne.*

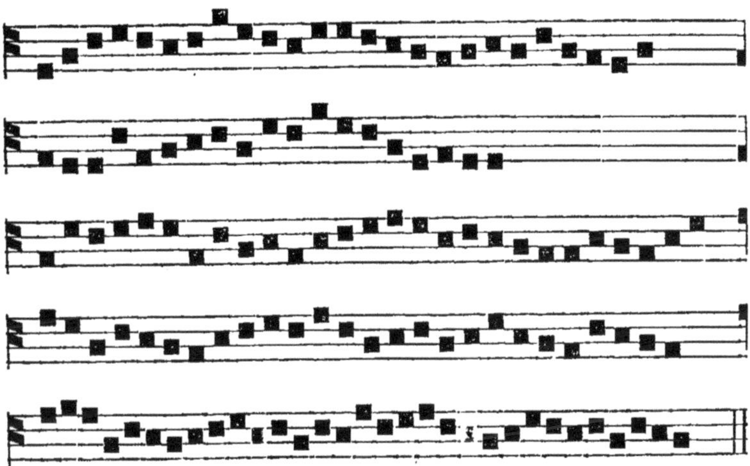

*Clef d'*UT *sur la deuxième ligne.*

Clef de FA *sur la troisième ligne.*

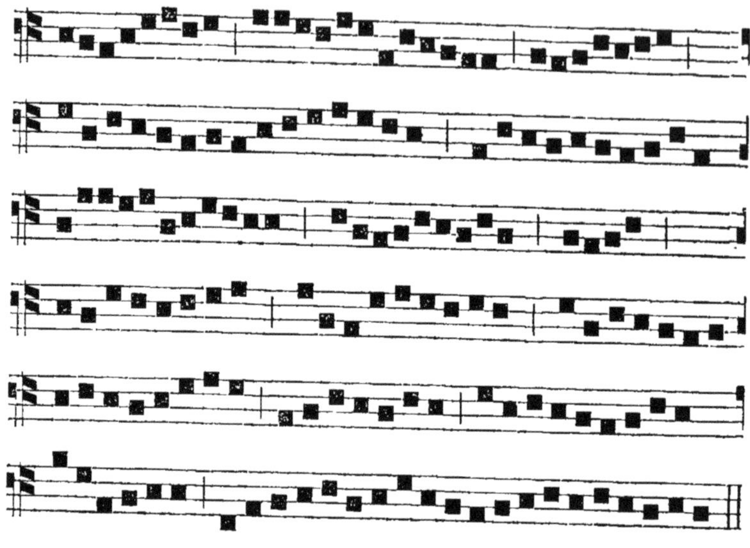

Clef de FA *sur la deuxième ligne.*

Solféges pour l'étude du SI naturel, du SI bémol et du FA dièse.

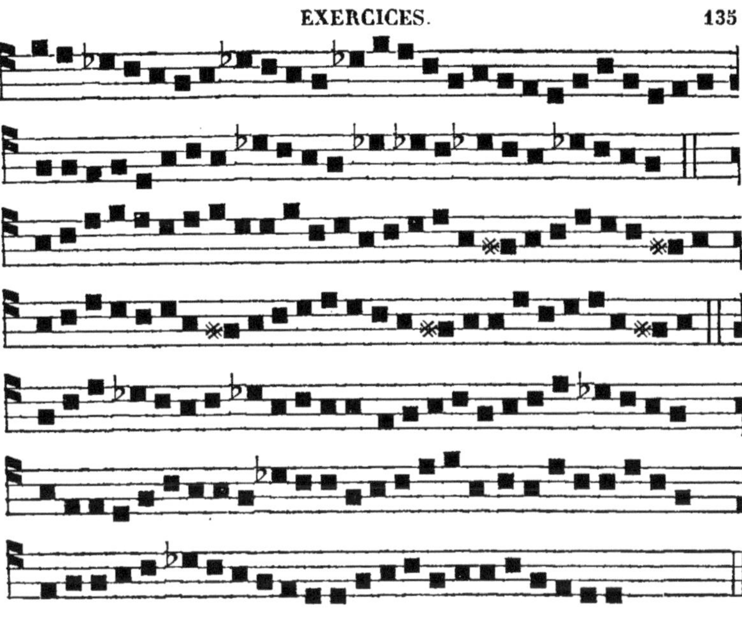

IV.

EXERCICES DE VOCALISATION.

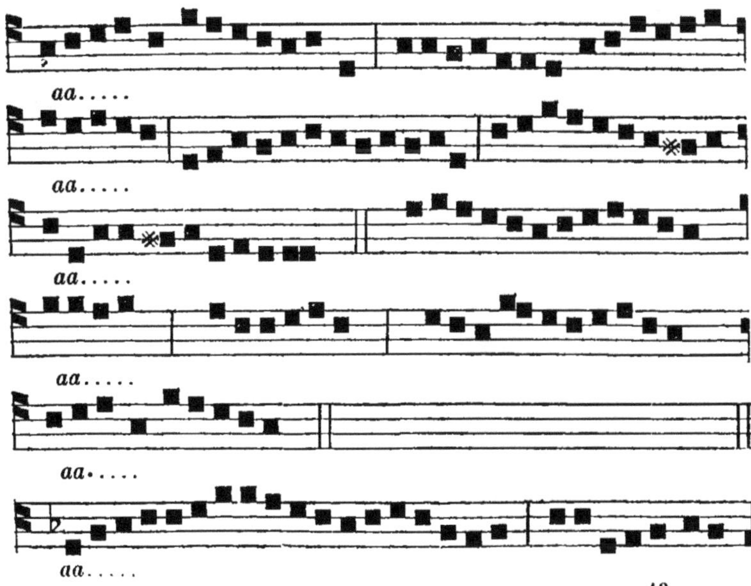

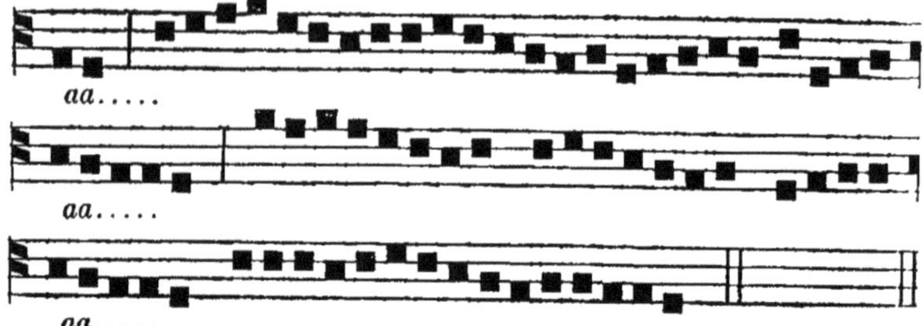

V.

EXERCICES POUR L'APPLICATION DES PAROLES.

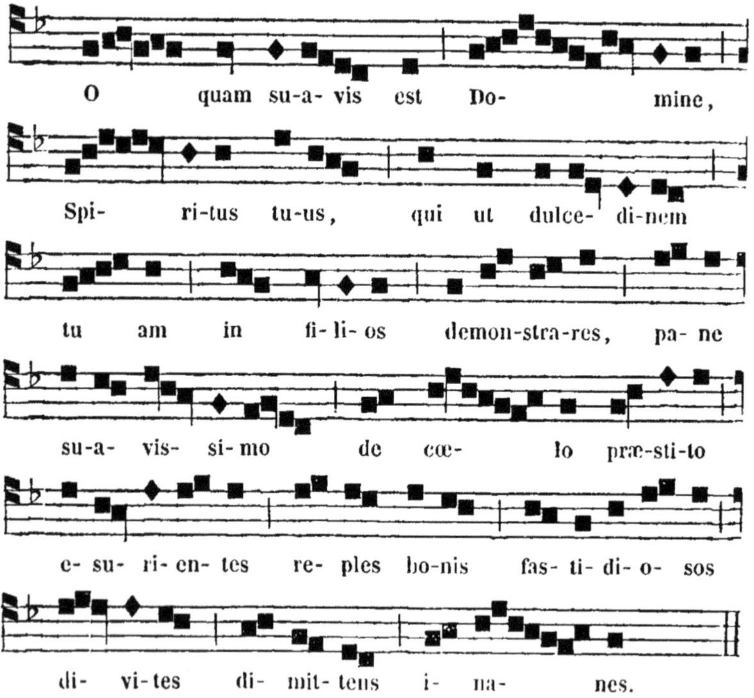

Ces exercices sont bien insuffisants. On peut facilement suppléer à l'étendue de chacun d'eux par les Livres de chant dont on peut graduellement *lire*, *solfier*, *vocaliser*, *chanter* les différents morceaux.

Au lieu de mettre à la suite de ces *exercices*, comme il avait été annoncé dans la préface, tout ce qu'un prêtre doit chanter dans les Offices divins, choses que l'on trouve, quoique éparses, dans les Livres de chant, nous croyons plus *court* et plus *utile* de terminer par deux ou trois morceaux tirés de *Palestrina* et d'*Allegri*, pour donner une idée du genre de ces grands maitres, et par les *faux-bourdons* que *Choron*, le premier et célèbre restaurateur de la musique religieuse en France, a établis sur les principales Antiennes au Saint-Sacrement et sur les principaux tons des Psaumes.

Les morceaux de *Palestrina* et d'*Allegri* sont tirés du Recueil des chants en usage à Rome pendant la Semaine-Sainte. Comme ils sont notés avec la notation moderne, on les a remis en notation de plain-chant en remplaçant :

La *ronde barrée* par *quatre* carrées; — la *ronde* par *deux* carrées; — la *blanche* par *une* carrée; — la *noire* par *une* brève; — la *croche* par *une* petite brève.

On ne s'étonnera pas des *accidents* qui se trouvent dans quelques uns de ces morceaux. Les uns ne sont pas du plain-chant proprement dit, les autres sont du plain-chant *transposé* et *harmonisé*. Voyez p. 40 note, et p. 44.

IMPROPRIA DE *PALESTRINA*,

A DEUX CHOEURS.

1er Choeur. **Largo,** *c'est-à-dire très-lentement.*

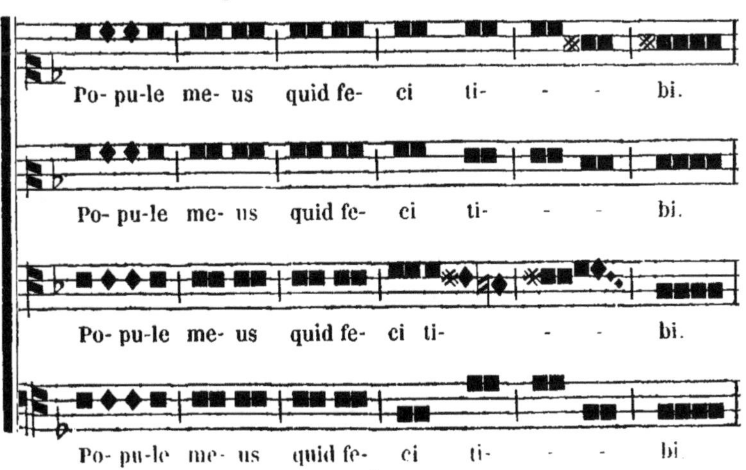

Andante molto, *c'est-à-dire très-doucement.* **Largo.**

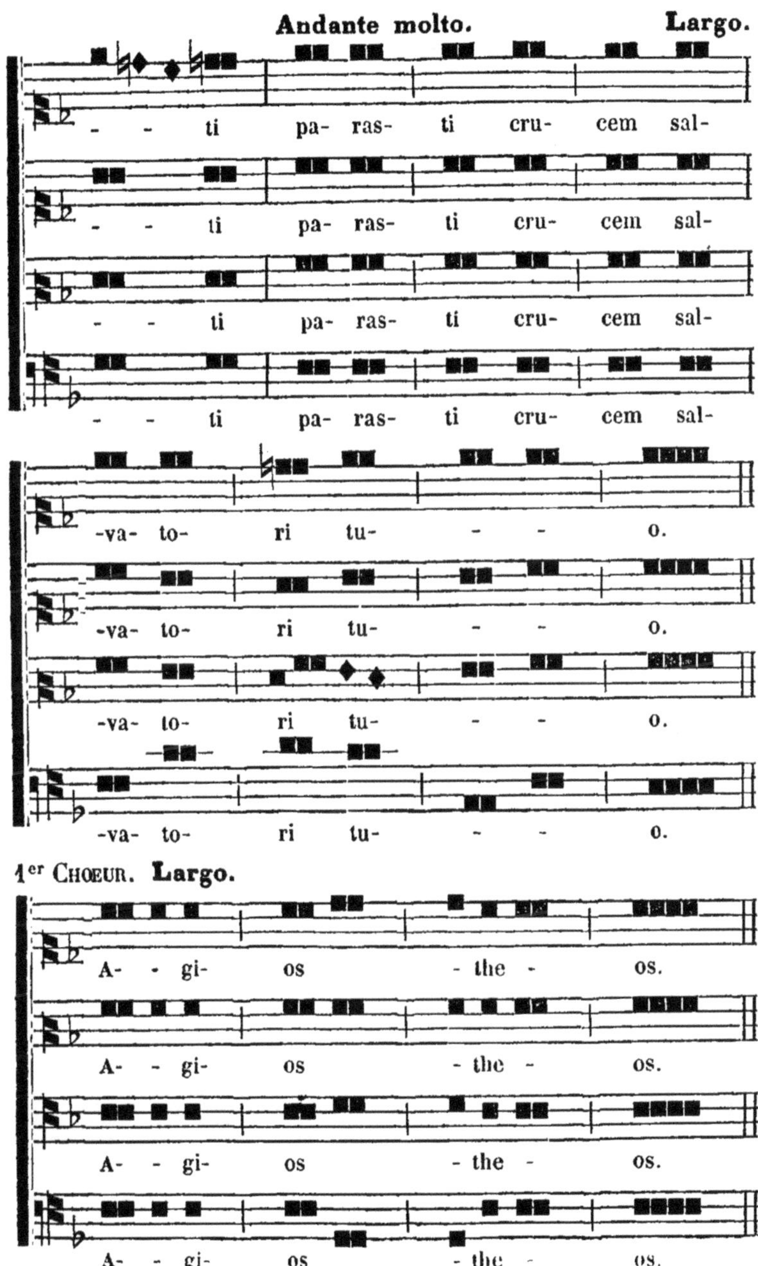
Andante molto.
Largo.
- - ti pa- ras- ti cru- cem sal-
- - ti pa- ras- ti cru- cem sal-
- - ti pa- ras- ti cru- cem sal-
- - ti pa- ras- ti cru- cem sal-
-va- to- ri tu- - - o.
-va- to- ri tu- - - o.
-va- to- ri tu- - - o.
-va- to- ri tu- - - o.
1er Choeur. Largo.
A- - gi- os - the - os.
A- - gi- os - the - os.
A- - gi- os - the - os.
A- - gi- os - the - os.

2e Chœur. Largo.
1er Chœur. Largo.
Sanc- tus De- - - us. A- - gi-
Sanc- tus De- - - us. A- - gi-
Sanc- tus De- - - us. A- - gi-
Sanc- tus De- - - us. A- - gi-
2e Chœur. Largo.
-os is - chi- ros. - Sanc- tus
-os is - chi- ros. - Sanc- tus
-os is - chi- ros. - Sanc- tus
-os is - chi- ros. - Sanc- tus
1er Chœur. Largo.
for- - tis. A - gi- os a- tha- na
for- - tis. A - gi- os a- tha- na
for- - tis. A - gi- os a- tha- na
for- - tis. A - gi- os a- tha- na

Andante molto.

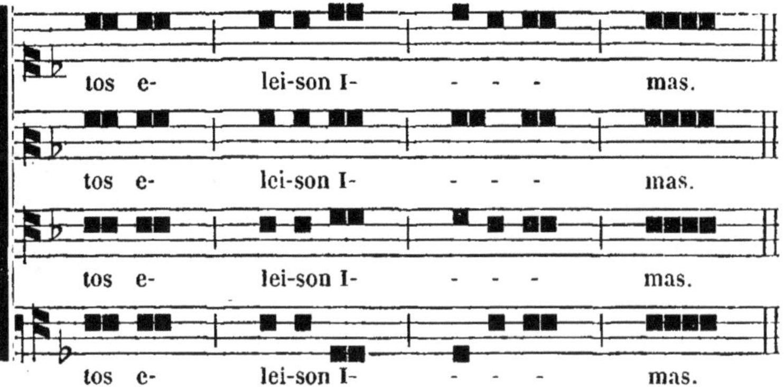

1er CHOEUR.

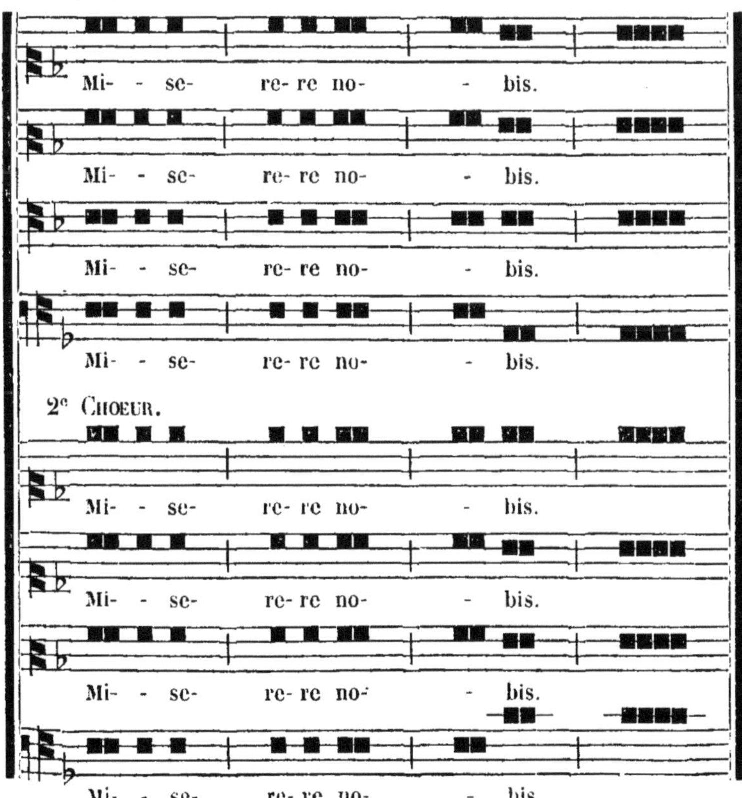

BENEDICTUS DE *PALESTRINA*.

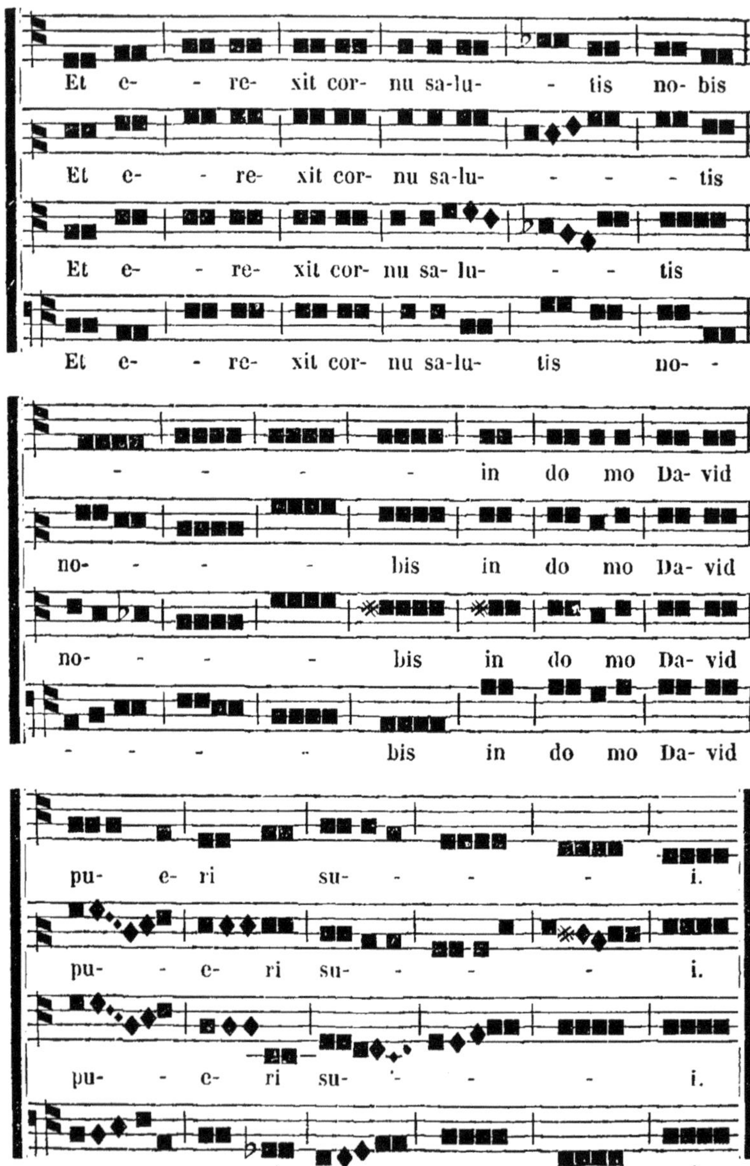

MISERERE DE *PALESTRINA*.

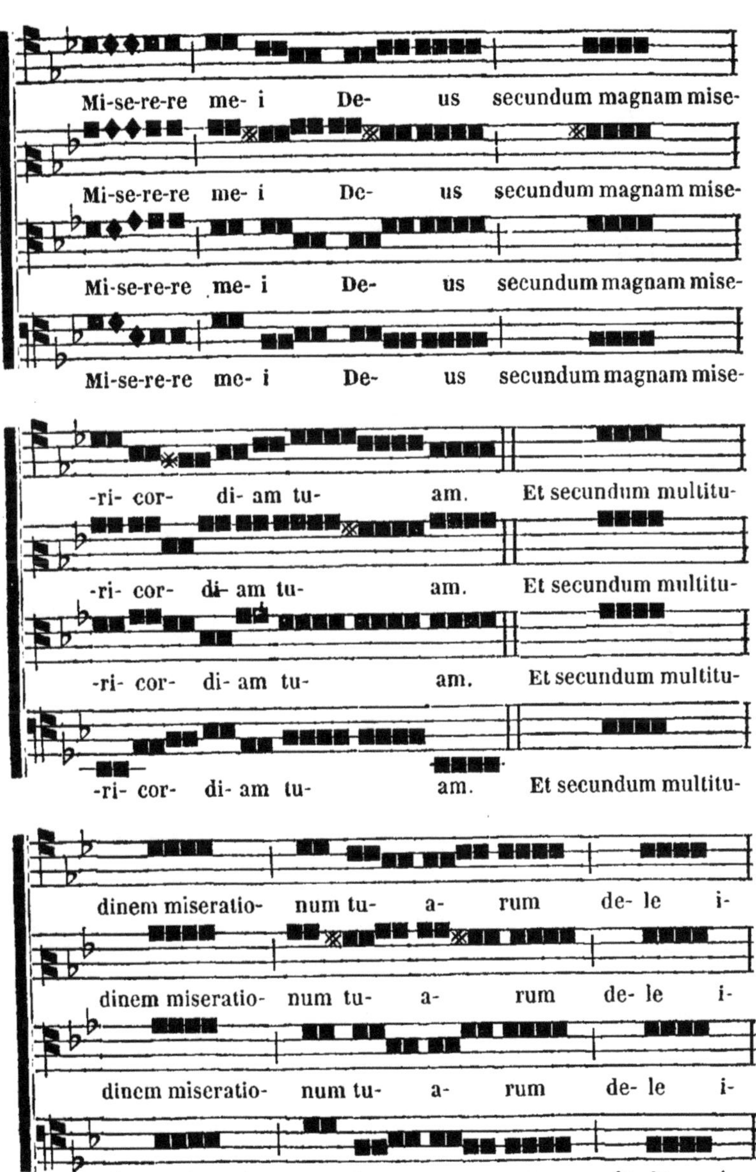

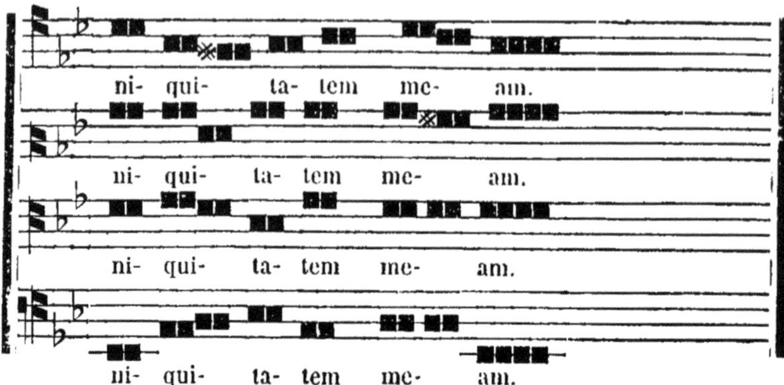

STABAT DE *PALESTRINA.*

(Une strophe.)

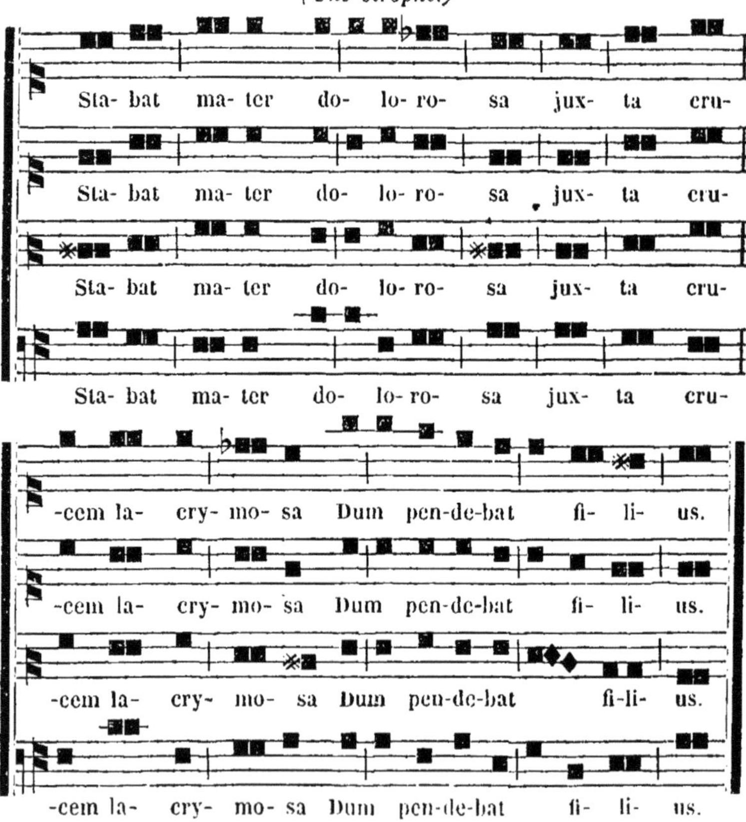

MISERERE D'*ALLEGRI*.

(Deux versets.)

1°

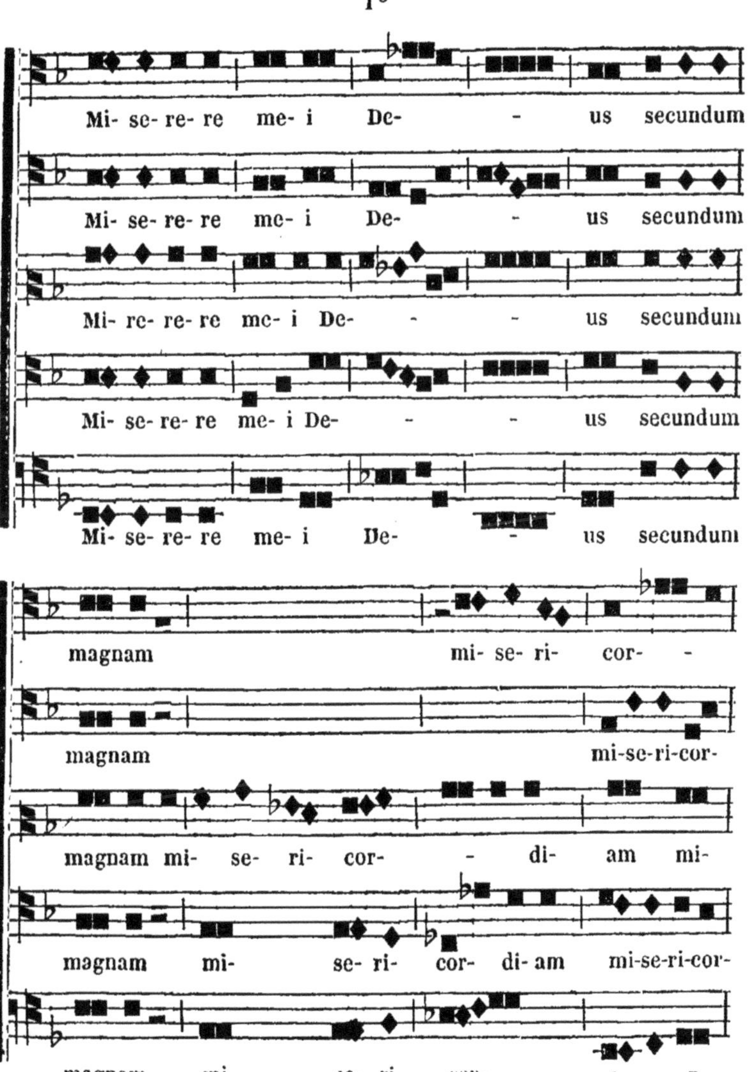

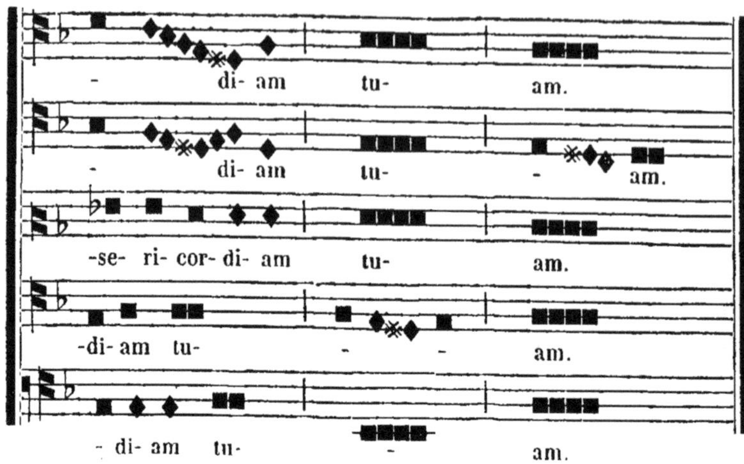
- di- am tu- am.
- di- am tu- - am.
-se- ri- cor- di- am tu- am.
-di- am tu- - - am.
- di- am tu- - am.

2°

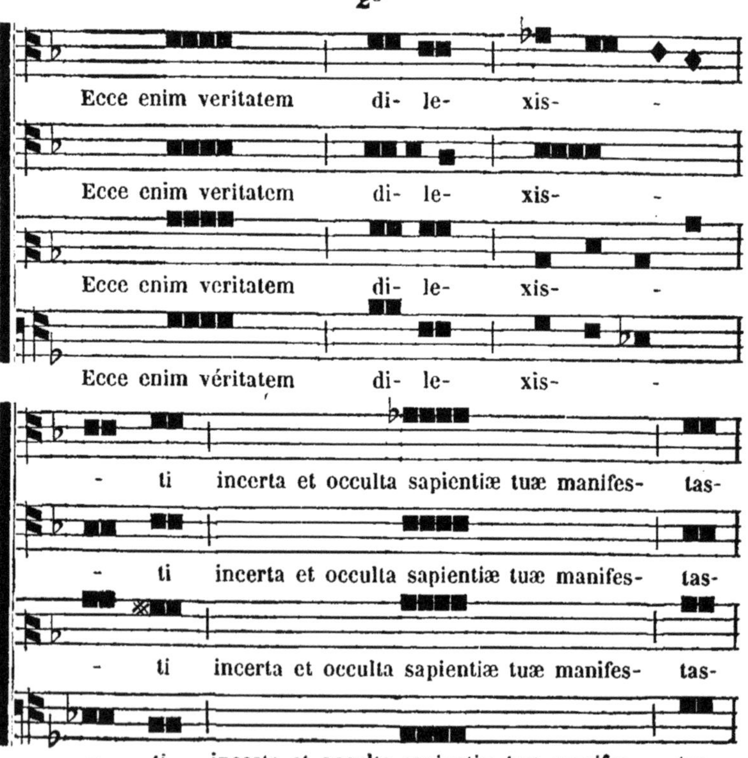
Ecce enim veritatem di- le- xis- -
Ecce enim veritatem di- le- xis- -
Ecce enim veritatem di- le- xis- -
Ecce enim véritatem di- le- xis- -
- ti incerta et occulta sapientiæ tuæ manifes- tas-
- ti incerta et occulta sapientiæ tuæ manifes- tas-
- ti incerta et occulta sapientiæ tuæ manifes- tas-
- ti incerta et occulta sapientiæ tuæ manifes- tas-

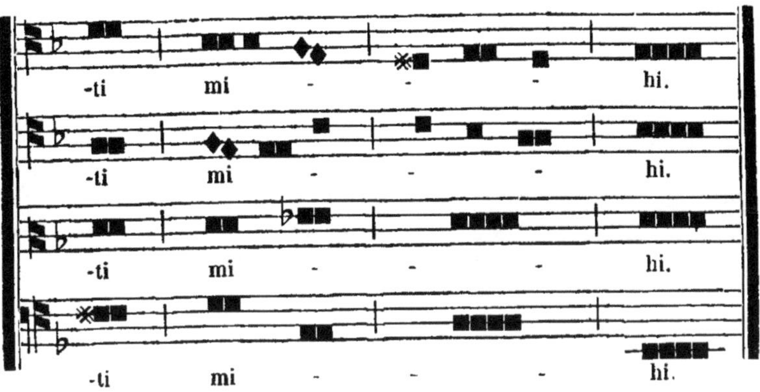

AD SALUTEM.

O Salutaris.

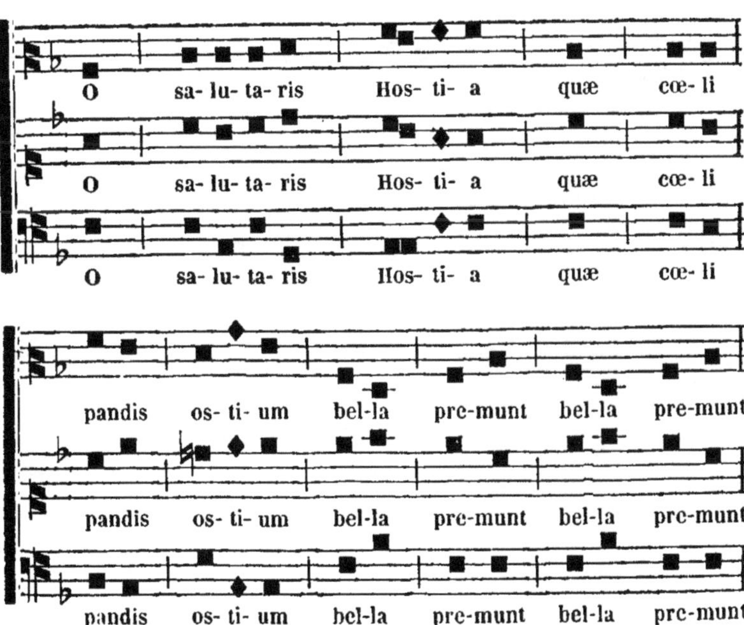

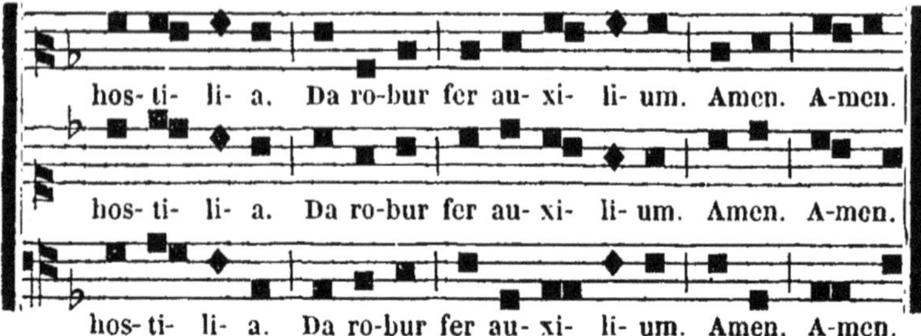
hos- ti- li- a. Da ro-bur fer au- xi- li- um. Amen. A-men.
hos- ti- li- a. Da ro-bur fer au- xi- li- um. Amen. A-men.
hos- ti- li- a. Da ro-bur fer au- xi- li- um. Amen. A-men.

Adoro Te.

A- do- ro te sup- plex la- tens De- i- tas,
A- do- ro te sup- plex la- tens De- i- tas,
A- do- ro te sup- plex la- tens De- i- tas,
Quæ sub his fi- gu- ris ve- re la- ti- tas,
Quæ sub his fi- gu- ris ve- re la- ti- tas,
Quæ sub his fi- gu- ris ve- re la- ti- tas,
Ti- bi se cor me- um to- tum sub-ji-cit
Ti- bi se cor me- um to- tum sub-ji-cit
Ti- bi se cor me- um to- tum sub-ji-cit

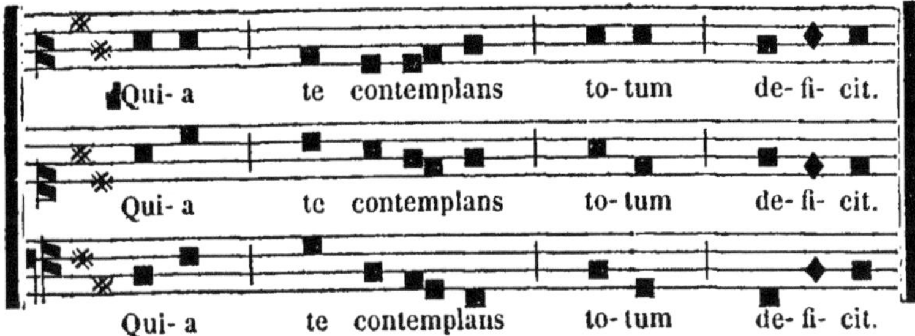
Qui- a te contemplans to- tum de- fi- cit.
Qui- a te contemplans to- tum de- fi- cit.
Qui- a te contemplans to- tum de- fi- cit.

Ave verum.

cor- pus na- tum
A- ve ve- rum cor- pus na- tum
cor- pus na- tum
de Ma-ri- a Vir- gi- ne ve- re passum im-mo-
de Ma-ri- a Vir- gi- ne ve- re passum im-mo-
de Ma-ri- a Vir- gi- ne ve- re passum im-mo-
-la- tum in cru-ce pro ho- mi- ne cu-jus
-la- tum in cru-ce pro ho- mi- ne cu-jus
-la- tum in cru-ce pro ho- mi- ne cu-jus

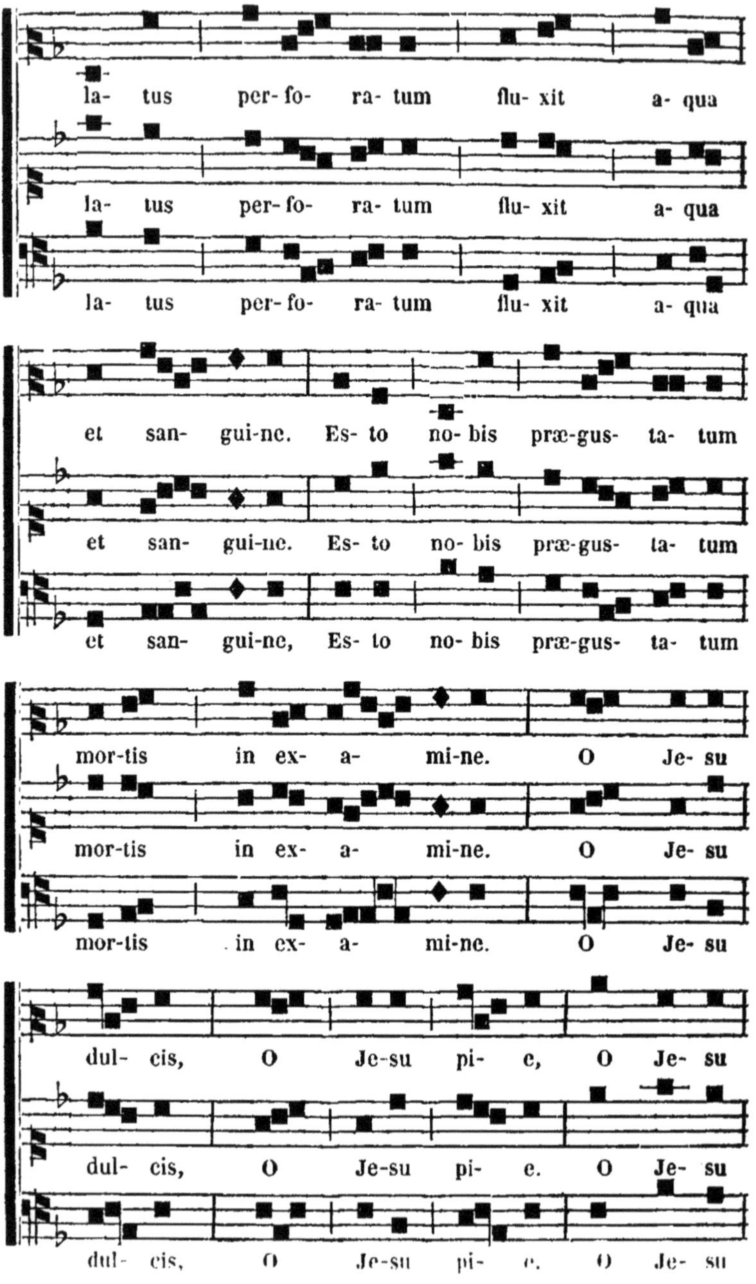
la- tus per- fo- ra- tum flu- xit a- qua
la- tus per- fo- ra- tum flu- xit a- qua
la- tus per- fo- ra- tum flu- xit a- qua
et san- gui-ne. Es- to no- bis præ-gus- ta- tum
et san- gui-ne. Es- to no- bis præ-gus- ta- tum
et san- gui-ne, Es- to no- bis præ-gus- ta- tum
mor-tis in ex- a- mi-ne. O Je- su
mor-tis in ex- a- mi-ne. O Je- su
mor-tis in ex- a- mi-ne. O Je- su
dul- cis, O Je-su pi- e, O Je- su
dul- cis, O Je-su pi- e. O Je- su
dul- cis, O Je-su pi- e. O Je- su

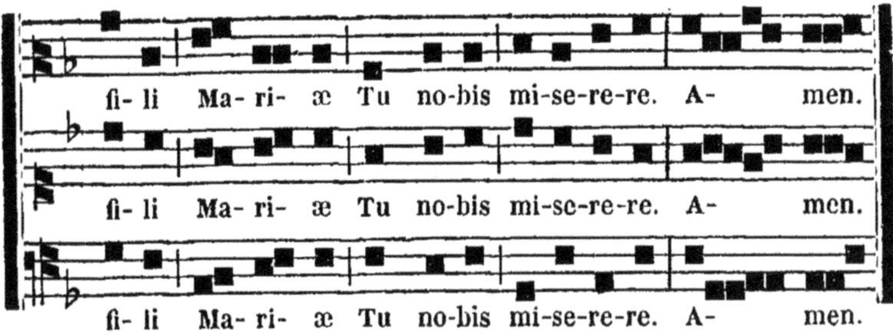
fi- li Ma- ri- æ Tu no-bis mi-se-re-re. A- men.
fi- li Ma- ri- æ Tu no-bis mi-se-re-re. A- men.
fi- li Ma- ri- æ Tu no-bis mi-se-re-re. A- men.

Tantum ergo.

Tan- tum er- go sa- cra- men- tum
Tan- tum er- go sa- cra- men- tum
Tan- tum er- go sa- cra- men- tum
ve- ne-re-mur cer- nu- i et an- ti-quum
ve- ne-re-mur cer- nu- i et an- ti-quum
ve- ne-re-mur cer- nu- i et an- ti-quum
do-cu-men-tum no- vo ce-dat ri- tu- i, Prestet
do-cu-men-tum no- vo ce-dat ri- tu- i, Prestet
do-cu-men-tum no- vo ce-dat ri- tu- i, Prestet

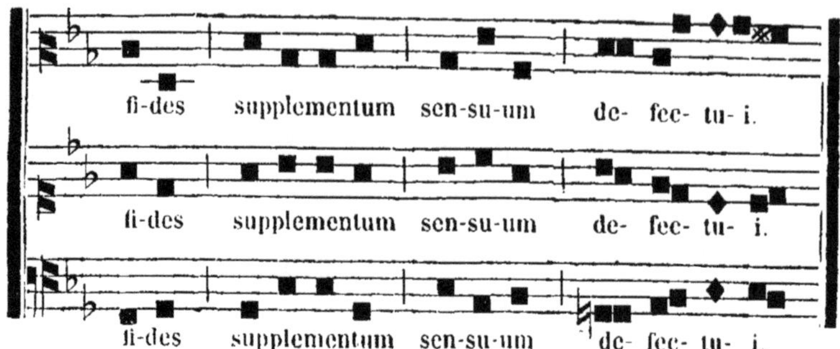

PSAUMES.

Premier ton D.

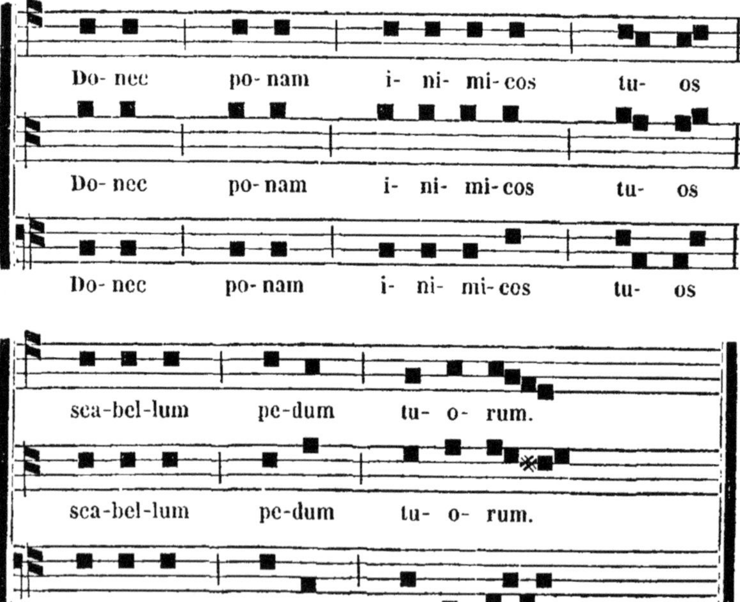

Premier ton irrégulier.

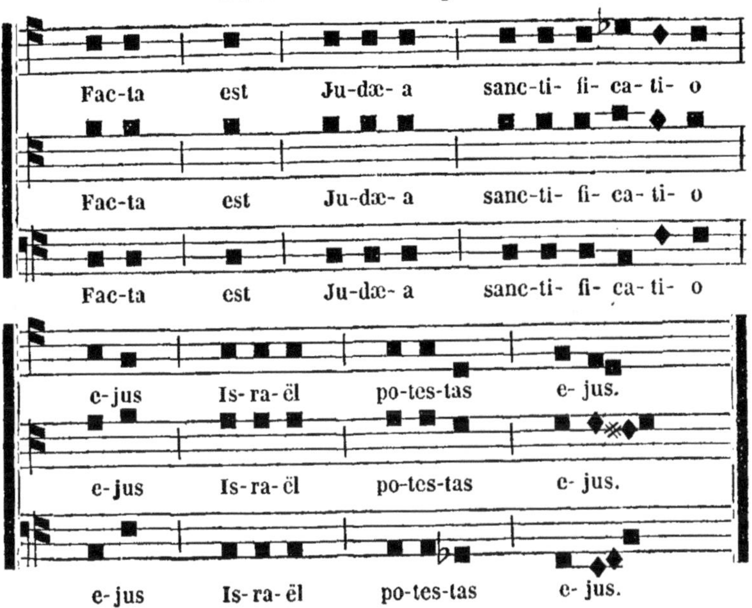

Deuxième ton d.

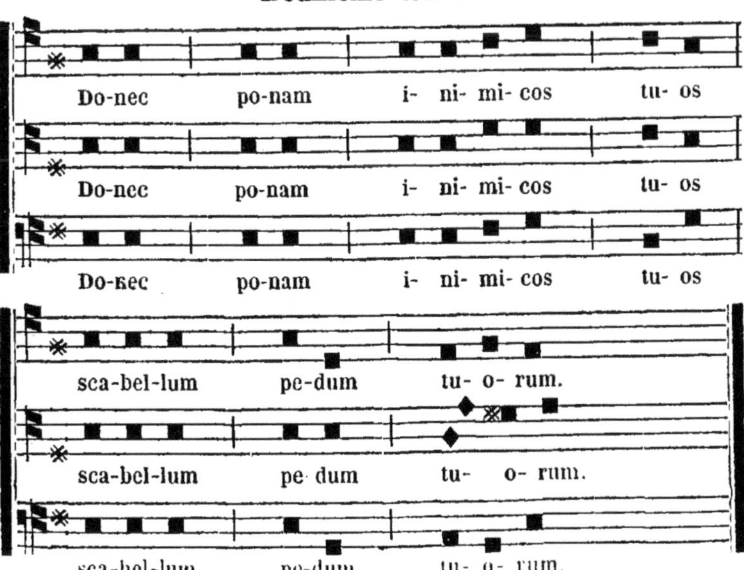

Troisième ton E.

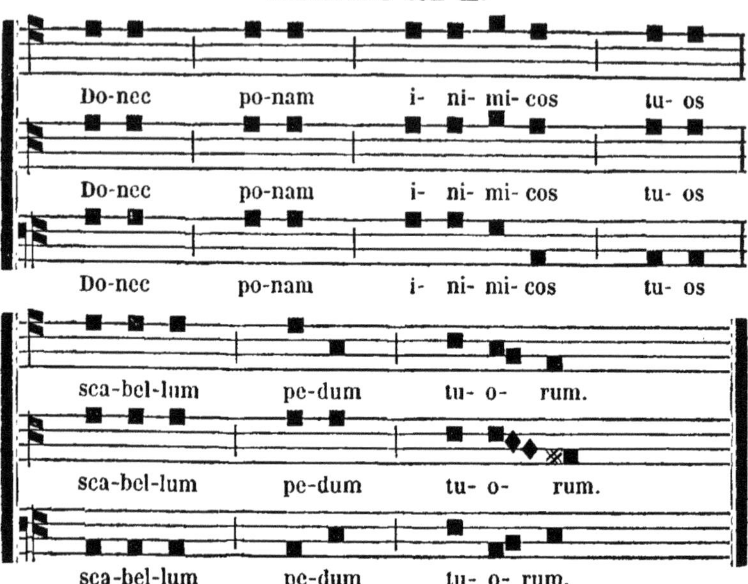

Quatrième ton E.

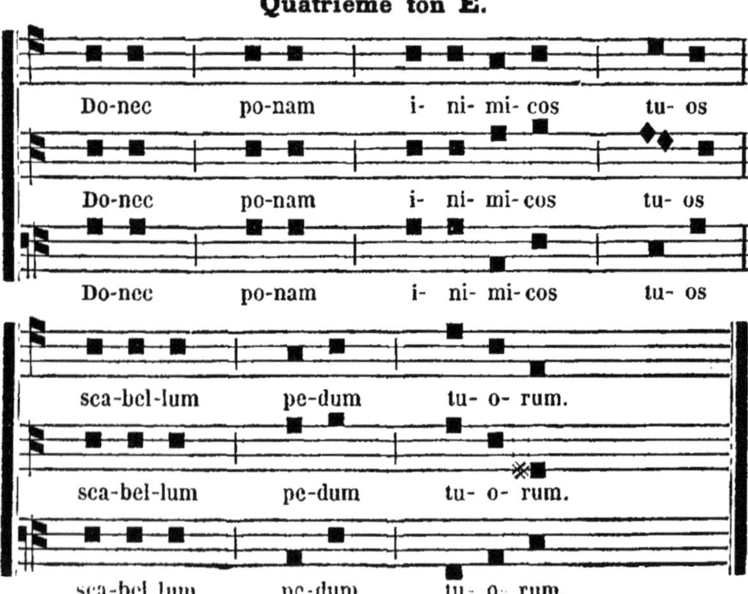

Cinquième ton F.

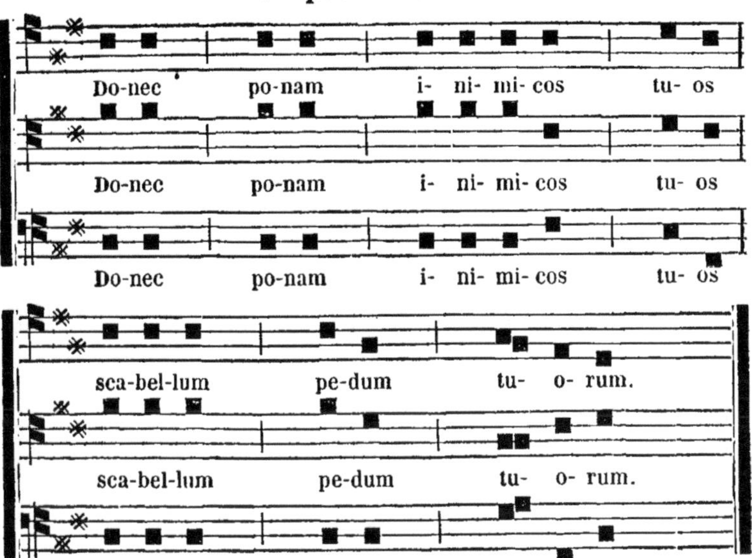

Sixième ton F.

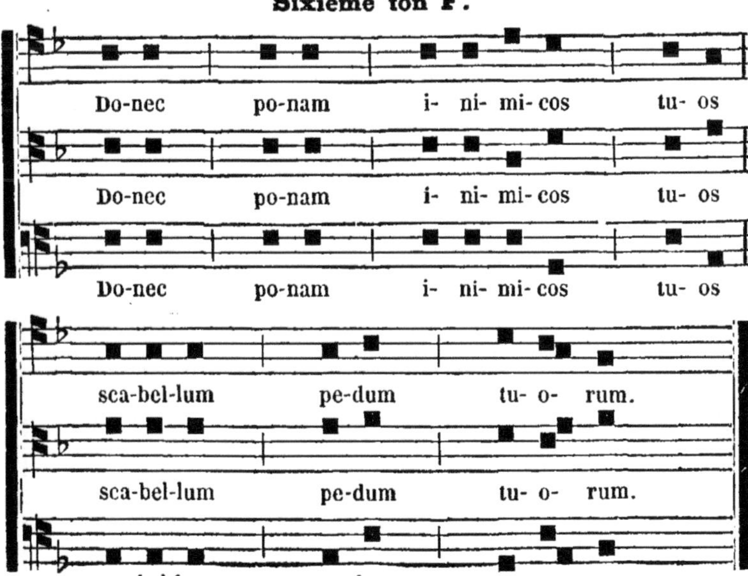

Septième ton D.

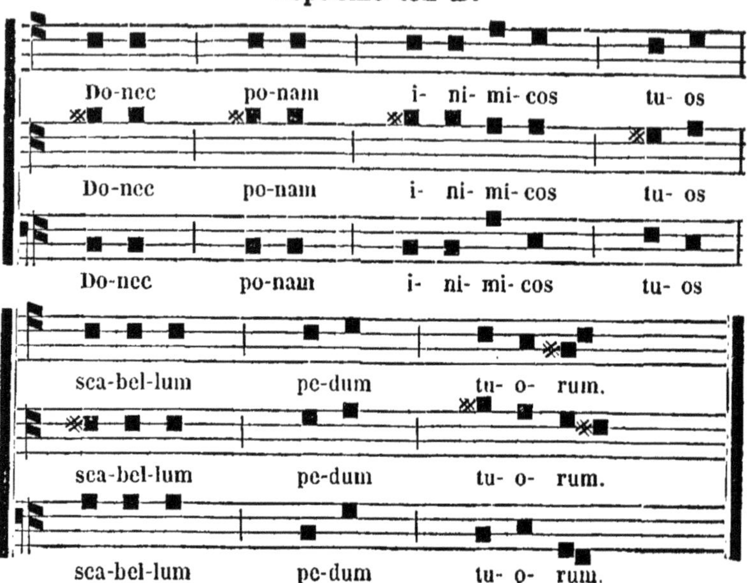

Huitième ton G.

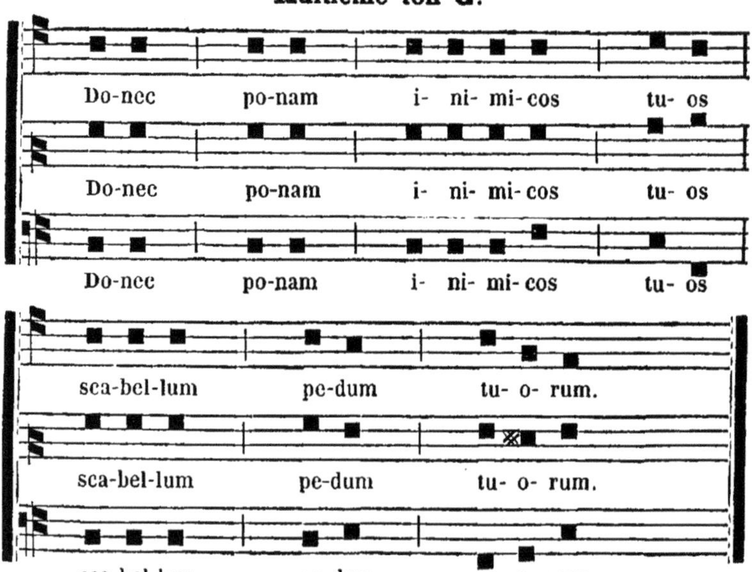

ADDITIONS.

I.

L'impression de cette brochure touchait à sa fin quand parut, dans l'excellente *Revue de Musique religieuse* dirigée par M. *Danjou*, un article de M. *Fétis*, à l'appui de son opinion rapportée page 42. Nous devons à la vérité de rappeler que les raisons du savant *Directeur* sont très-fortes. Mais il est fâcheux qne M. *Fétis* n'ait pas cru devoir se rappeler que des injures ne sont pas des raisons, et que la science, fût-elle grande comme celle que plus de trente années de travaux lui ont fait acquérir, n'exempte personne du respect qu'on doit avoir pour un loyal adversaire.

II.

Il est très-ordinaire d'entendre des personnes zélées se plaindre de la prononciation vicieuse des ecclésiastiques dans le chant ou dans la lecture du latin; bien souvent elles ont raison. Il est certain, cependant, que la plupart de ces personnes entendent par une *bonne* prononciation la prononciation *prosodique*, et que les ecclésiastiques doivent prononcer d'après *l'accent tonique*. Comme il y a entre les deux une différence notable, suivent de là des méprises nombreuses et l'impossibilité de s'entendre. Puisse cette remarque, suggérée par des plaintes nouvelles et nombreuses, engager les uns à mieux prononcer *toniquement*, et les autres à se convaincre que c'est bien là la *vraie* prononciation.

On peut, du reste, consulter la tradition de l'Eglise, la prononciation allemande, la prononciation romaine, l'accentuation qui est employée dans tous les livres liturgiques et l'explication qui en est donnée en tête de plusieurs d'entre eux, la *Méthode de M. de Gramont*, l'*Amélioration dans la Psalmodie* par un prêtre de Bordeaux, le *Traité* de *Benoît de Jumillac*, le *Plain-chant enseigné d'après la méthode du méloplaste*, les *principes du plain-chant* par un prêtre de Luçon. Il n'y a pas un seul *Traité de chant* qui n'ait expliqué ou supposé ces règles. Si l'on veut des autorités plus anciennes, on peut lire *Quintilien*, *Donat*, *Sergius*, *Priscien*, *Longus*, *Lipsius*, *Vossius* et le *Traité de Grammaire* de saint *Isidore* de Séville. Un ancien et savant *Traité de Grammaire latine, de quantité et de prononciation*, imprimé à Paris en 1681, non seulement expose les règles de la prononciation par l'accent tonique pour la *prose*, mais même pour la *poésie* en plusieurs circonstances; ce qui paraît tout aussi raisonnable qu'il l'est, dans les langues modernes, de ne pas lire la poésie en faisant sentir à chaque vers l'*hémistiche* et la *rime.*

III.

Quelques personnes, peut-être, demeureront convaincues qu'après la bonne exécution de l'austère, mais saint et sublime plain-chant, la seule musique qu'il convienne d'adopter, du moins en général, c'est ce même plain-chant arrangé en accords faciles, note pour note, syllabe pour syllabe, suivant ce que dit si sagement le pape *Jean XXII*. Cet arrangement a été fait pour tout le chant du diocèse de Paris, avec autant de simplicité que de bonheur, par M. *Danjou* qui a publié son travail en dix livraisons dont chacune se vend séparément. La première partie, qui contient en deux livraisons tous les chants communs de l'Office du soir, renferme ces morceaux qui sont les mêmes partout, moins quelques très-petites variantes, savoir : *Sub tuum, Inviolata, Stabat, Ave maris Stella, Salve Regina, Alma, Ave Regina, Regina Cœli,* des Litanies de la sainte Vierge; — *Ecce panis, Ave Verum, Cor Jesu, Pange lingua, Verbum supernum, Adoro te supplex, Sacris Solemniis;* — le *Parce, Domine non secundum,* les Antiennes pour la Paix, pour le Roi, pour le Pape, les Répons de la Bénédiction, le *Laudate;* — les faux-bourdons des Psaumes, le *Te Deum,* le ton commun des Hymnes de Vêpres et de Complies, les *Benedicamus Domino, In manus tuas;* les autres choses étant propres au diocèse de Paris.

La deuxième partie, qui contient en deux livraisons les chants communs de l'Office du matin, renferme plusieurs morceaux qui sont aussi les mêmes partout, savoir : des *Kyrie,* des *Gloria,* des *Credo.* Le tout est à quatre voix dont les deux premières sont voix d'enfant. Ces deux parties en quatre livraisons coûtent moins de 6 francs. En s'adressant à Mme veuve *Canaux,* rue Sainte-Appoline, 15, à Paris, ou à M. *Louis Stezle,* marchand de musique à Nancy, on est sûr de recevoir, au bout de quelques jours, pour une modique somme, la plupart des morceaux qui sont chantés par la masse des Fidèles, et cela arrangés par un artiste de foi et de mérite, en ces faux-bourdons simples qui laissent intact le plain-chant, et qui seuls peuvent devenir populaires. Ces deux parties sont peut-être la plus belle bibliothèque musicale qu'on puisse se procurer. Nous croyons faire une bonne œuvre en les signalant à l'attention de ceux qui veulent sincèrement la restauration du véritable chant d'Eglise. Un travail semblable à celui de M. *Danjou*, pour la Liturgie quelle elle soit, mais *fixée une fois pour toutes,* de chaque diocèse, c'est ce qu'il y a de plus désirable.

IV.

Des faits nombreux qu'on nous a fait connaître, nous font un devoir d'ajouter à la page 115, que le grand orgue ne doit jamais faire entendre de chansons, de danses, de valses, la ***Marseillaise***, la ***Parisienne***, la ***Polka***, ni aucune autre pièce de théâtre, quelle qu'en soit la renommée, comme les ***Huguenots***, la ***Pie voleuse***, ***Robin-des-Bois***, etc., etc. Tout cela qui s'est fait, et qui se fera encore, c'est l'abomination dans le lieu saint.

De même, la tribune de l'orgue est faite pour recevoir l'orgue et l'organiste; tout cela, rien que cela, du moins en général. Aussi est-il difficile de comprendre et encore plus d'excuser l'usage existant dans quelques endroits, de confier les graves et saintes paroles de la Liturgie et l'interprétation des sentiments des Fidèles assemblés à des femmes placées à l'orgue. Il l'est bien autrement, s'il n'y en a qu'une chargée de chanter un *motet* après l'Elévation ou à une Bénédiction. Il est plus que probable que saint ***Ignace***, saint ***Ambroise***, saint ***Grégoire***, ***Charlemagne***, saint ***Bernard***, seraient au moins fort étonnés en voyant un renversement semblable.

V.

Dans les pièces données depuis la page 137, toutes les clefs d'***ut*** affectent l'***ut*** aigu du ténor, excepté celle de la première *portée* du ***Benedictus***, du ***Miserere*** de ***Palestrina***, et celles des deux premières du ***Miserere*** d'***Allegri***, qui affectent l'***ut*** aigu du soprano. Dans les pièces ***Ad salutem*** et dans les ***Psaumes***, on distingue facilement.

VI.

Les fautes suivantes et beaucoup d'autres semblables sont à éviter avec soin. On chante : ***Deus in adjutorium-meum intende. Domine ad adjuvandum-me fes-tina. Gloria Patri et-Filio. Ex hoc-nunc et usque-in sæculum. Tu, quæ-genuisti. Abraham et semini-ejus in sæcula. Sicut erra in principio.***

Il faut chanter : ***Deus, in adjutorium meum, intende. Domine, ad adjuvandum me, festina. Gloria Patri, et Filio. Ex hoc nunc, et usque in sæculum. Tu, quæ genuisti. Abraham, et semini ejus, in sæcula. Sicut Erat in principio.***

CORRECTIONS ESSENTIELLES.

Page 60, deuxième portée. — bar-ba-ro *lisez :* bar-ba-ro

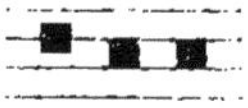

Page 81. — De suite après la cinquième ligne, avant ces mots : ***Après l'Hymne,*** **lisez, dans la même page, ce qui a rapport à la manière de chanter le Répons (où ajoutez : Les DEUX chantent le Verset. Les 2 CHOEURS la Réclame) et l'Hymne.**

Page 102, ligne 19. — *Oddon* au XIIIe siècle, *lisez* : Xe.

Page 122. — Un de ceux qui y a travaillé, *lisez* : qui y ont.

TABLE DES MATIÈRES.

www.ingramcontent.com/pod-product-compliance
Ingram Content Group UK Ltd.
Pitfield, Milton Keynes, MK11 3LW, UK
UKHW020257180726
13839UKWH00001B/326